Simone Stargardt und Jochen Stargardt

JETZT

Simone Stargardt und Jochen Stargardt

JETZT

Wie das Echtzeit-Prinzip aus guten Unternehmen Champions macht

WILEY

WILEY-VCH Verlag GmbH & Co. KGaA

1. Auflage 2015

Alle Bücher von Wiley-VCH werden sorgfältig erarbeitet. Dennoch übernehmen Autoren, Herausgeber und Verlag in keinem Fall, einschließlich des vorliegenden Werkes, für die Richtigkeit von Angaben, Hinweisen und Ratschlägen sowie für eventuelle Druckfehler irgendeine Haftung.

© 2015 Wiley-VCH Verlag & Co. KGaA, Boschstr. 12, 69469 Weinheim, Germany

Alle Rechte, insbesondere die der Übersetzung in andere Sprachen, vorbehalten. Kein Teil dieses Buches darf ohne schriftliche Genehmigung des Verlages in irgendeiner Form – durch Photokopie, Mikroverfilmung oder irgendein anderes Verfahren – reproduziert oder in eine von Maschinen, insbesondere von Datenverarbeitungsmaschinen, verwendbare Sprache übertragen oder übersetzt werden. Die Wiedergabe von Warenbezeichnungen, Handelsnamen oder sonstigen Kennzeichen in diesem Buch berechtigt nicht zu der Annahme, dass diese von jedermann frei benutzt werden dürfen. Vielmehr kann es sich auch dann um eingetragene Warenzeichen oder sonstige gesetzlich geschützte Kennzeichen handeln, wenn sie nicht eigens als solche markiert sind.

Bibliografische Information der Deutschen Nationalbibliothek
Die Deutsche Nationalbibliothek verzeichnet diese Publikation in der Deutschen Nationalbibliografie; detaillierte bibliografische Daten sind im Internet über http://dnb.d-nb.de abrufbar.

Printed in the Federal Republic of Germany
Umschlaggestaltung: Torge Stoffers Graphik-Design, Leipzig / Autorenfoto: © Conny Wenk
Gestaltung: pp030 – Produktionsbüro Heike Praetor, Berlin
Satz: inmedialo Digital- und Printmedien UG, Plankstadt
Druck und Bindung: CPI, Ebner & Spiegel, Ulm

Gedruckt auf säurefreiem Papier.

ISBN: 978-3-527-50812-9

Inhalt

Vorwort: Boom 7

Teil 1: Ganz nah

Kapitel 1
Der Genius-Effekt 13

Kapitel 2
Der Strategie-Irrtum 31

Kapitel 3
Der Fluch der letzten 5 Prozent 47

Kapitel 4
Der Honig und die Pille 65

Teil 2: Unscheinbar

Kapitel 5
Das Echtzeit-Prinzip 81

Kapitel 6
Beta-Version 97

Kapitel 7
Im Hamsterrad? 119

Kapitel 8
Der Sturz der Titanen 147

Kapitel 9
Exotikum 167

Nachwort: Die Ersten 183

Stichwortverzeichnis 185

Vorwort: Boom

2009. Weltwirtschaftskrise. Besonders hart trifft es die Printmedien: Zeitungen und Zeitschriften leiden doppelt, unter der allgemeinen Konjunkturschwäche und unter der Online-Konkurrenz. Die *New York Times* macht im Jahr 2009 einen Verlust von 62 Millionen Dollar, die *Süddeutsche Zeitung* baut massiv Redaktionsstellen ab, nachdem sie bereits im Vorjahr ihren Redaktionsetat um 5 Millionen Euro kürzen musste.

Aber auch die Online-Medien stecken tief in den roten Zahlen. Ihre einzige Einnahmequelle sind Werbeanzeigen – aber das bisschen Werbeetat, das Unternehmen in der Krise noch erübrigen können, stecken sie lieber in Suchmaschinen als in Online-Zeitschriften. Und warum sollten sich die Nutzer anzeigenüberladene Nachrichtenseiten anschauen, wenn sie dieselben Informationen auch kosten- und werbefrei über Twitter, Facebook etc. bekommen?

Aber mitten darin gibt es eine Online-Zeitschrift, die boomt. Wo andere Millionenverluste einfahren, macht sie Millionengewinne. Wo andere Stellen abbauen, stellt sie ein. 2008 machte sie 25,4 Millionen Dollar Umsatz, 2009 immerhin gute 15 Millionen.

Das ist das Klatschblatt *TMZ*, das in den USA über Hollywood-Prominente berichtet. Sensationen über Sensationen verspricht es seinen Lesern. Und hält das Versprechen. *TMZ* berichtete über Mel Gibsons Verhaftung wegen Trunkenheit am Steuer und seine antisemitischen Ausfälle – und untermalte den Bericht mit Auszügen aus dem handschriftlichen Polizeiprotokoll. *TMZ* zeigte ein Foto von Rihanna mit blauem Auge und geschwollenem Gesicht, nachdem sie von ihrem Freund verprügelt worden war. Ein Foto, das eigentlich als Beweismaterial unter Polizeiverschluss lag. Wie das Klatschblatt da dran kam, wurde Gegenstand einer eigenen polizeilichen Untersuchung.

Gerichtsverfahren, Scheidungen, Affären, Tiraden in privaten Telefongesprächen, peinliche Fotos – was immer es an halbwegs gesicherten Informationen über das Privatleben von Prominenten zu berichten gibt – *TMZ* hält seine Leser auf dem neusten Stand. Und wenn es nichts Neues gibt, vergleicht das Klatschblatt aktuelle Promi-Portraits mit denen von vor fünf oder vor dreißig Jahren.

Natürlich steht *TMZ* mit diesem Konzept nicht alleine da. Es gibt in den USA über 3000 verschiedene Klatschblättchen und Online-Klatschseiten. Schwierig, sich von einer derartigen Masse abzuheben? Nicht für *TMZ*. Die Seite wurde von Yahoo! Voices zur besten Celebrity-Gossip-Website gewählt, in anderen Ranglisten steht sie regelmäßig unter den Top 10.

Man kann vom Geschäftsmodell »Klatschblatt« halten, was man will. Die Art, wie *TMZ* an Informationen kommt, ist öfters mal hart an der Grenze der Legalität. Aber der überwältigende Erfolg zeigt: Irgendwas macht *TMZ* anscheinend richtig. Aber was?

Wie kann ein Unternehmen trotz widriger Umstände so erfolgreich sein, dass es seine Wettbewerber überflügelt? Die anderen sind gut, aber dieses Unternehmen ist der Champion.

Ein Gründer würde wohl sagen: Es liegt am Investitionskapital. Geld in neue Produkte und Dienstleistungen, neue Firmenstrukturen, neue Standorte, neue Mitarbeiter zu investieren, ist zwingend notwendig, um als Unternehmen zukunftsfähig zu bleiben. Aber die einfache Gleichung »Je mehr Investitionen, desto mehr Erfolg« gilt nicht. Wer mächtig viel investiert, kann auch mächtig viel in den Sand setzen. Zum Champion wird er dadurch nicht automatisch.

Ein Konzernchef würde vielleicht sagen: Es liegt am genialen Marketingkonzept. So manche Marketingkampagne hat den Umsatz eines Produkts schlagartig hochschnellen lassen. Ist also gutes Marketing der entscheidende Wettbewerbsvorteil?

Ja und nein. Marketing ist unerlässlich, sicher. »Wer nicht wirbt, der stirbt«, heißt eine Faustregel in der Businesswelt. Aber gerade in Zeiten der Online-Produktbewertungen hilft das beste Marketing nicht, solange nicht das Produkt die Kunden überzeugt.

Ein Steve Jobs würde sicher sagen: Es ist die Ästhetik. Das starke Design, das aus einem technischen Produkt oder einem Möbelstück ein hippes Must-have macht.

Ein Internet-Versandhändler würde vielleicht sagen: Es ist das attraktive Preis-Leistungs-Verhältnis, das ein Unternehmen seinen Kunden bietet. Heutzutage ist doch jeder Kunde super informiert und vergleicht die weltweit besten Angebote übers Internet. Mit günstigen Preisen und guter Leistung gewinnt man massenhaft Kunden.

Ein Einzelhandels-Fillialleiter würde sagen: Es ist der Kundenservice. Der freundliche Umgang mit den Kunden, die zuverlässige Information, die Bereitschaft, auf Beschwerden und Anregungen einzugehen.

Wir finden: An all diesen Punkten ist was dran. An manchen davon sogar eine Menge. Ohne Marketing, ohne Qualität, ohne überzeugendes Preis-Leistungs-Verhältnis, ohne Service hat jedes Unternehmen verloren.

Aber all diese Strategien, diese Erfolgsfaktoren nutzen nur etwas, wenn sie auf bestimmte Weise umgesetzt werden. Wenn darin ein übergeordnetes Prinzip herrscht. Eins, das alle Bereiche des Unternehmens durchdringt. *TMZ* beherrscht dieses Prinzip in Perfektion. Auch eine Handvoll andere höchst erfolgreiche Unternehmen folgen ihm – ob gezielt oder unbewusst. Viele sind es nicht. Aber die es tun, stehen ganz an der Spitze. Sie sind Marktführer, Qualitätsführer, Kundenbeliebtheitsführer. Kurz: Sie sind die Champions.

Sie können dazugehören. Sie können Ihr Unternehmen zum Champion machen.

Welches Prinzip das ist, und wie Sie es umsetzen, darum geht es in diesem Buch. Schnallen Sie sich an, es geht los.

TEIL 1
GANZ NAH

1 Der Genius-Effekt

Magnetschwebebahn – was für eine coole Idee! Züge mittels Magnetfeld über der Trasse schweben lassen. Hohe Geschwindigkeit, niedrige Energiekosten, geringer Materialverschleiß und nicht zuletzt das Kultpotenzial. Genial! Futuristisch! Das muss doch ein durchschlagender Erfolg werden!

Soweit die Theorie. In der Praxis sah das Ganze ein bisschen anders aus. In Deutschland wurde die Entwicklung des Transrapid nach einem Unfall auf der Teststrecke auf Eis gelegt. Stattdessen wurde die Technologie nach China verkauft, kräftig subventioniert vom deutschen Fiskus. Eine 30 km lange Magnetschwebebahn-Strecke verbindet Shanghai mit dem Flughafen Pudong. 2003 wurde sie unter großem Rummel eröffnet. Im Viertelstundentakt fährt der Transrapid, der in China Maglev (kurz für magnetic leviation) heißt, auf dieser Strecke – ist aber nur halb ausgelastet. Denn die U-Bahn, die direkt daneben abfährt, braucht zwar etwas länger, kostet aber auch nur ein Achtel so viel. Für die Langstrecken zwischen den Großstädten gibt es inzwischen ein anderes Hochgeschwindigkeitszugs-System, das ebenfalls auf weit über 300 km/h kommt und wesentlich weniger aufwendig zu bauen ist.

Der Siegeszug der Magnetschwebebahn blieb auch in fast allen anderen Ländern aus. Allenfalls in Japan hat das System eine Chance. Dort wurde im Herbst 2013 eine neue Teststrecke in Betrieb genommen – mit deutlich veränderter japanischer Technologie. Aber konventionelle Schnellzugsysteme haben sich inzwischen so weiterentwickelt, dass sie praktisch ebenso schnell und energieeffizient sind wie die Magnetschwebebahn. Inlandflüge sind eine noch schärfere Konkurrenz. Die einst futuristische Technik der Magnetschwebebahn ist obsolet geworden.

Kurz: Das Zeitfenster für die Markteinführung wurde verpasst. Der Zug ist abgefahren.

Unternehmen brauchen Ideen. Das können die ganz großen Ideen für neuartige Produkte oder Dienstleistungsangebote sein. Oder ein originelles Marketingkonzept. Ein neuartiger Kundenservice. Kreative PR. Eine ganz neue Art, den Produktions- oder Verkaufsprozess geschickter aufzuziehen. Oder schlicht die vielen kleinen Ideen, mit denen bestehende Produkte, Dienstleistungen, Marketingkonzepte oder Prozesse kontinuierlich verbessert werden. Kurz: Alles, mit dem ein Unternehmen sich vom Wettbewerb abheben kann und die Nase vorn behält.

> Schaffenskraft heißt: Ideen plus Umsetzung.

Jeder Manager weiß, dass er Ideen braucht, aber dass Ideen alleine als Erfolgsprinzip nicht ausreichen. Gleichzeitig ist jedem Manager und jedem Unternehmer klar: Innovative Ideen alleine sind noch kein Garant für Unternehmenserfolg. Dafür ist der Transrapid nur eins von vielen Beispielen. Sie kennen bestimmt weitere. Wie zum Beispiel die vom neuseeländischen Tüftler und Farmer Richard Pearse, der 1903 als einer der ersten ein funktionsfähiges Flugzeug baute, aber niemandem davon erzählte – bis ihn die Brüder Wright und andere Flugzeugpioniere überholten. Oder die klassische Geschichte der Brüder Richard und Maurice McDonald, die mit ihren beiden Schnellrestaurants einigermaßen Erfolg hatten, aber nichts Durchschlagendes. Erst als Ray Kroc ihnen das Konzept abkaufte und als Franchise vermarktete, startete der Siegeszug von McDonald's. Die Weltgeschichte ist voll von solchen Leuten mit großartigen Ideen, die den Ruhm und Erfolg anderen überlassen mussten. Weil sie es nicht geschafft haben, aus ihrer genialen Idee ein großartiges Geschäftsmodell zu machen. Weil sie ihre Idee nur in der Hinterkammer ihres Kopfes hatten, sie aber nicht umgesetzt haben.

Wenn ein Einzelner oder ein Unternehmen es schafft, eine geniale Idee gut umzusetzen, etwas Neues tatsächlich in die Welt zu bringen, nennen wir das: Den Genius-Effekt. Das Wort leitet sich ab von der römischen Vorstellung vom Genius. Das war der persönliche Schutzgeist, den jeder Mensch hat. Er verkörpert die Persönlichkeit und die Schaffenskraft, beim Mann auch die Zeugungskraft. Wir glauben nicht an Schutzgeister – aber an die Fähigkeiten, die in jedem Menschen stecken. An die Schaffenskraft. Um etwas Neues in die Welt zu bringen, ist beides nötig: Ideen plus Umsetzung.

Deswegen beschäftigen wir uns in diesem Kapitel mit der Frage: Was ist nötig, damit aus guten Ideen ein Erfolg wird? Und welche Fallstricke verhindern den Genius-Effekt?

Auf dem Weg von der Idee zum Erfolg kann vieles schief gehen: Entweder passt das anvisierte Produkt, die Dienstleistung, das Marketingkonzept nicht in die Zeit. Es ist zu avantgardistisch, der Markt dafür ist noch nicht da.

Oder ein Unternehmen tüftelt jahrelang an der Umsetzung einer guten Idee – und gerade wenn der Termin für die Markteinführung unmittelbar bevorsteht, kommt ihm ein Wettbewerber zuvor. Er bringt ein ganz ähnliches Konzept heraus – vielleicht noch nicht einmal ganz ausgereift, aber schneller. Er bekommt all die Aufmerksamkeit und die Kunden. Das Unternehmen, das zu lange tüftelte, bekommt die Arschkarte. Der zweite Sieger ist der erste Verlierer.

Beiden Punkten ist eins gemeinsam: schlechtes Timing. In der Produkt- oder Konzeptentwicklung und in der Markteinführung. Unternehmen sind bei der Umsetzung ihrer Ideen entweder zu schnell oder zu langsam.

Dauerhaften, großen Erfolg haben diejenigen Unternehmen, die das perfekte Timing beherrschen. Sie haben Ideen, entwickeln sie zur Marktreife und bringen sie im genau richtigen Moment als erste heraus. Wer das beherrscht, wird vom guten Unternehmen zum Champion: Er wird Kosten- oder Qualitätsführer, und damit im besten Fall auch Marktführer. Die Kunden sind begeistert von dem innovativen Unternehmen, das ihre Bedürfnisse vorausahnt und erfüllt, bevor sie sie überhaupt selbst entdeckt haben. Hochqualifizierte Fachkräfte reißen sich darum, in so einem kreativen, dynamischen Unternehmen arbeiten zu dürfen. Kurz: Das Unternehmensimage und der Erfolg steigen gleichermaßen in den Himmel.

Das schaffen wenige. Schlechtes Timing ist viel häufiger anzutreffen. Allerdings sind die beiden Varianten davon ungleich verteilt: Es gibt viel mehr Unternehmen, die in der Umsetzung ihrer Ideen zu langsam sind, als zu schnelle. Uns fällt nur eine knappe Handvoll Beispiele ein, wo ein Unternehmen mit einem innovativen Produkt floppte, das später unter veränderten Marktbedingungen erfolgreich wurde. Beispielsweise führte die US-amerikanische Telefongesellschaft AT&T 1970 ein Bildtelefon auf dem Markt ein. Große Enttäuschung: Statt auf Begeisterung stieß sie damit auf Angst um die Privatsphäre. Die geniale Innovation fand keine Abnehmer. Erst viel später wurde ein ähnliches Konzept durchschlagend erfolgreich: Skype. Heute sind Millionen Menschen begeistert von der Möglichkeit, übers Internet kostenlos mit Freunden und Verwandten auf der anderen Seite der Erdkugel zu telefonieren und sie dabei auch noch per Webcam sehen zu können. AT&T war einfach dreißig Jahre zu früh dran. Aber dieses Problem ist relativ selten.

Wer seine Idee nicht rechtzeitig verwirklichen kann, scheitert. Viel häufiger sind Unternehmen und Erfinder, die ihre Chance verpassen: Transrapid, Nokia mit dem Smartphone, Richard Pearse ... oder der britische Elektroingenieur Geoffrey Dummer, der 1952 als erster das Konzept für einen Mikrochip auf einer Konferenz präsentierte und in den folgenden Jahren einen funktionierenden Prototyp baute. Er fand aber niemanden, der die Weiterentwicklung und Umsetzung dieser Idee finanzieren wollte. So lag sie auf Eis – bis 1958 später Jack Kilby von der Firma Texas Instruments seinen Mikrochip patentieren ließ.

All diese Unternehmen und Personen sind nicht gescheitert, weil sie keine Ideen hatten, sondern weil sie ihre Ideen nicht rechtzeitig verwirklichen konnten.

Was kann bei der Umsetzung im Einzelnen schief gehen? Wir sehen da zwei Hauptprobleme: Bürokratie und Perfektionismus.

Die langen Wege der Bürokratie

Stellen Sie sich vor, zwei Mitarbeiter entwickeln zusammen eine Idee, wie das Unternehmen Kundenanfragen schneller beantworten kann: Indem bereits auf der Website eine Service-Seite eingerichtet wird, auf der für die typischen Themen jeweils der richtige Ansprechpartner samt Mailadresse steht. Diese Idee reichen die Mitarbeiter bei ihrem Chef ein. Und dann passiert lange Zeit: nichts. Der Vorschlag landet im Postfach »Vorschläge«, das der Chef einmal in der Woche sichtet. Höchstens. Wenn ihm seine übrige Arbeit gerade über die Ohren wächst (also immer), dann kann es auch schon mal zwei oder drei Wochen dauern, bis er die eingegangenen Vorschläge liest. Er trifft eine Vorauswahl; die guten bespricht er bei nächster Gelegenheit – also zwei Wochen später – mit seinem Vorgesetzten.

Anderthalb Monate, nachdem die Mitarbeiter ihren Vorschlag eingereicht haben, bekommen sie dann die Rückmeldung: »Gute Idee, arbeiten Sie sie doch bitte genauer aus.«

Bis dahin haben die Mitarbeiter aber längst anderes im Kopf. Das magische Momentum ist vorbei, die Begeisterung für die Idee ist längst verpufft. Die Ausarbeitung ist nicht mehr eine kreative Tätigkeit, die

Freude macht, sondern eine Pflichtübung. Entsprechend wird sie immer wieder vor sich her geschoben; es gibt schließlich Dringenderes zu tun. Auf diese Weise versinkt die gute Idee, die in ein paar Stunden umsetzbar gewesen wäre, innerhalb von zwei Monaten in Vergessenheit.

Zentralistische Strukturen im Unternehmen können Innovationen gewaltig ausbremsen. Wenn jede Entscheidung über eine Neuerung erst mal über den Schreibtisch des direkten Vorgesetzten geht und danach noch mehrere Hierarchiestufen durchlaufen muss, dann dauert es viel zu lange, bis Ideen tatsächlich umgesetzt werden. Falls sie überhaupt noch umgesetzt werden.

Hierarchische Entscheidungsstrukturen bremsen die Umsetzung von Ideen aus – oder blockieren sie ganz.

Nun können Sie natürlich auch nicht einfach Ihren Mitarbeitern erlauben, jede Idee sofort auszuprobieren, egal ob sie sinnvoll oder unsinnig ist, ob sie rasch und leicht umzusetzen ist oder Unmassen an Arbeitszeit verschlingen würde. Das gesunde Mittelmaß sind also Regeln, die den Freiraum definieren, den Rahmen, innerhalb dessen die Mitarbeiter selbst entscheiden können. Außerdem braucht es Prozesse dafür, wie mit Ideen umgegangen wird, über die die Mitarbeiter nicht mehr selbst entscheiden können. Diese Prozesse sorgen dafür, dass die Entscheidung zügig getroffen und die Umsetzung direkt angegangen wird. So lange die Initialenergie noch wirkt.

Wenn die Umsetzung rasch angegangen wird, heißt das aber leider noch lange nicht, dass sie auch zügig abgeschlossen wird. Wir sehen da eine große Gefahr lauern. Eine Falle, die auf den ersten Blick nach guter Geschäftspraxis aussieht, aber in Übertreibung verhängnisvoll sein kann.

Hundertzehn Prozent

In unseren Autos haben wir immer noch das gute alte Nokia 6210. Für die Freisprechanlage ist das perfekt, die Qualität stimmt auch noch nach fünfzehn Jahren. Sogar mit Original-Akku! Der ganze neumodische Bluetooth-Kram ist dem weitaus unterlegen. Eigentlich tragisch, dass der einstmals führende Handyhersteller beinahe vom Markt verschwunden ist. Wie kann das sein? Die einfache Erklärung ist: Nokia hat die Entwicklung des Smartphones verpennt.

Das stimmt so aber nicht. Die Manager von Nokia waren sich wohl sehr bewusst, dass sie ihr eigenes Smartphone brauchen. Und sie wollten es ganz richtig machen und ihr eigenes Smartphone unbedingt mit einem eigenen Betriebssystem herausbringen. Allenfalls die Verwendung eines Microsoft-Systems konnten sie sich vorstellen, aber auf keinen Fall ein Nokia-Smartphone mit Android, dem Betriebssystem des großen Konkurrenten Google. Apples iOS kam sowieso nicht in Frage.

> Wer vor sich hin tüftelt, bis er alles perfekt hat, braucht viel zu lange.

Also bastelte und tüftelte Nokia an seinem eigenen Smartphone-Betriebssystem. So etwas braucht seine Zeit. Die Umsätze der konventionellen Handys rutschten derweil in den Keller. Lange bevor Nokia sein Betriebssystem hatte, war das Unternehmen auf dem Abstellgleis des Marktes gelandet. 2013 wurde angekündigt, dass Nokia seine Handy- und Smartphone-Sparte an Microsoft verkauft. Überraschend brachte das Unternehmen dann im Frühjahr 2014, kurz vor dem Besitzerwechsel, erstmals eigene Smartphones auf den Markt – mit einem Android-Betriebssystem, das so weit abgewandelt war, dass die Benutzeroberfläche wie Windows Phone aussieht. Nach jahrelangen Wehen hatte der Berg ein Mäuschen geboren.

Gut Ding will Weile haben. Sagt jedenfalls das Sprichwort. Für uns klingt das nicht wie eine Aufmunterung, sondern wie eine Warnung. Ja, um ein Produkt, ein Konzept, eine Dienstleistung richtig gut zu machen, braucht es Zeit! Viel Zeit. Zeit, die Sie manchmal nicht haben. Während Sie noch dabei sind, die allerletzten Fehler auszumerzen, Ihr Konzept dem Härtetest in allen nur denkbaren ungünstigen Konstellationen zu unterziehen und hundertzehn Prozent Qualität herauszuholen, kommt vielleicht Ihr Wettbewerber mit einem ganz ähnlichen Produkt heraus. Einem, das noch nicht mal völlig ausgereift ist. Die ersten Bewertungen sind deshalb auch gemischt. Aber Ihr Wettbewerber bessert schnell nach, und spätestens die zweite oder dritte Version überzeugt dann die Kunden so sehr, dass Ihr Wettbewerber den Markt abräumt. Für Sie bleiben nur die Krümel übrig.

Tempo ist das Schlüsselwort bei der Umsetzung von Ideen. Ohne Tempo haben Sie verloren. Das haben all die einsamen Tüftler vom

Schlag eines Richard Pearse bitter erfahren. Wir sind große Anhänger des Pareto-Prinzips. Die 80-20-Regel lässt sich auch auf das Verhältnis von Zeitaufwand zu erreichter Qualität bei der Umsetzung von Ideen anwenden. 80 Prozent Qualität reichen meistens aus, die restlichen 20 Prozent sind die 80 Prozent Zeitaufwand nicht wert.

Uns ist klar, dass wir uns mit diesem Statement bei vielen Managern, die auf Qualität setzen, unbeliebt machen. Wir finden Qualität ja auch prima. Unverzichtbar. Der Meinungsunterschied betrifft nur den Zeitpunkt: Strebe ich perfekte Qualität an, bevor ich mit meiner Innovation auf den Markt gehe? Oder danach?

> Die Frage ist nur: Strebe ich perfekte Qualität an, bevor ich mit meiner Innovation auf den Markt gehe? Oder danach?

Denn das Produkt, mit dem Sie sich zuerst dem Kunden nähern, muss ja nicht immer so bleiben. Sollte es nicht, darf es nicht. Auch und gerade nach der Markteinführung brauchen Sie kontinuierliche Verbesserung. Aber glauben Sie uns: Dazu hilft Ihnen das Feedback von Hunderttausenden Kunden viel mehr als noch einige weitere Jahre in Ihrer Qualitätssicherungsabteilung. So realistische Testbedingungen, wie sie eine Vielzahl realer Nutzer in der realen Welt ihrem Produkt aufdrücken, bekommen Sie im Labor niemals hin. Und auf die verrückten, quergedachten Anwendungsmöglichkeiten, auf die zufällige Kombination verschiedener Belastungen, die da draußen von ganz alleine passieren, können Sie und Ihre Tester selbst unter Aufbietung aller Fantasie niemals kommen. Denken Sie nur an die rautenförmigen blauen Pillen, die zuerst als blutdrucksenkendes Medikament konzipiert waren. Nicht das Pharmaunternehmen, sondern erst die Testpatienten haben gemerkt, dass es zwar seinen eigentlichen Zweck kaum erfüllt, dafür aber eine höchst willkommene Nebenwirkung hat: den Blutdruck bei Männern lokal zu erhöhen …

Natürlich wollen Sie nicht mit irgendeinem Schrott herauskommen. Sonst vergraulen Sie Ihre Kunden und schädigen Ihren Ruf. Klar, Mindeststandards müssen eingehalten werden. Aber solange Sie das tun, verzeihen Ihre Kunden Ihnen auch kleinere Mängel. Vorausgesetzt, Sie verbessern die Mängel rasch. Mit anderen Worten: Sie tragen Ihre externe Qualitätsprüfung nicht auf Kosten der Kunden aus. Wie gesagt: 80 Prozent reichen für den Anfang.

> 80 Prozent Qualität reichen für den Anfang. Nachbessern können Sie später.

Diese Aussage hat eine große, fette, gewaltige Ausnahme: In Branchen, bei der Menschenleben vom Produkt abhängen, müssen die Verantwortlichen wirklich die höchstmögliche Perfektion anstreben, bevor es auf den Markt geht. Egal, wie lange das dauert. Einen Airbag, der sich nur bei 80 Prozent der Auffahrunfälle öffnet, oder ein Medikament, das nur bei vier von fünf Patienten Schlaganfälle verhütet, auf den Markt zu bringen, wäre nichts anderes als Mord. Und Selbstmord, denn das Unternehmen, das so etwas verkauft, überlebt sicher kein Vierteljahr mehr.

Pharmafirmen forschen oft jahrelang an einem Medikament, testen Nebenwirkungen, Wechselwirkungen und Langzeitfolgen, prüfen, ob es wirksamer ist als auf dem Markt befindliche vergleichbare Medikamente. Ganze Forschungs- und Entwicklungsabteilungen mit vielen hochqualifizierten Mitarbeitern beschäftigen sich tagaus, tagein mit nichts anderem, als die Umsetzung ihrer Ideen bis zur Perfektion zu treiben. Ein hoher Aufwand. Bitter, wenn sich dann kurz vor der Zulassung herausstellt, dass es doch irgendwo einen Haken gibt. So wie es Roche 2012 erging: Es stellte sich heraus, dass das Lungenkrebs-Medikament, an dem der Konzern seit Jahren forschte, keine signifikant höhere Überlebensrate bot als Vergleichsprodukte. Projekt eingestampft. Genauso übel ist es, wenn nach jahrelanger notwendiger Perfektionierungsarbeit ein Wettbewerber einen Tacken schneller ist. Bitter, ja. Aber tut uns leid, das ist nun mal das Berufsrisiko. Jedenfalls für die Pharma- und Medizingeräteindustrie, für Sicherheitstechnik, Flugzeughersteller und ähnliche Branchen.

In allen anderen Unternehmen gilt aber: Tempo ist wichtiger als Perfektion.

Es wird noch schlimmer. Wenn Bürokratie und Perfektionismus die Umsetzung guter Ideen immer wieder ausbremsen, dann schlägt das auf die Ideenproduktion selbst zurück.

Das schwarze Vorschlagsloch

Das betriebliche Vorschlagswesen ist recht alt, schon im 19. Jahrhundert führte es Alfred Krupp in seinen Fabriken ein. Das Prinzip hat sich seither nicht viel verändert. Nur hängen heutzutage normalerweise nicht mehr Briefkästen für die Verbesserungsvorschläge auf den Fluren, sondern es gibt eine Mailadresse oder eine Plattform im firmeninternen Netzwerk dafür.

Auf diese Weise werden die Ideen der Mitarbeiter kontinuierlich gesammelt. Ideen, die aus dem Alltag heraus entstehen und daher meist eine hohe Praxistauglichkeit aufweisen.

Nur besteht dabei eine Gefahr: Dass das Mailaccount oder die Plattform zum schwarzen Loch mutiert, in dem Ideen auf Nimmerwiedersehen verschwinden. Das passiert dann, wenn den Mitarbeitern zu lange Zeit unklar ist, was mit ihren Vorschlägen passiert. Irgendwann, Wochen oder Monate später, bekommen sie eine Rückmeldung, was umgesetzt werden soll und was nicht. Mit viel Glück auch mit einer Begründung dazu. Manchmal, wenn die Verbesserungen den Arbeitsablauf der Mitarbeiter nicht direkt betreffen – wenn zum Beispiel ein Marketing-Mitarbeiter einen Vorschlag für die Poststelle macht –, erfahren die Mitarbeiter gar nicht oder nur per Zufall von der Umsetzung.

> Betriebliche Vorschlagssysteme mutieren zum schwarzen Loch, in dem Ideen auf Nimmerwiedersehen verschwinden.

Auf diese Weise werden die Mitarbeiter immer wieder entmutigt. Sie sehen nicht, was mit ihren Ideen passiert – also gehen sie davon aus, dass nichts damit passiert. Daher verlieren sie irgendwann die Lust, überhaupt Vorschläge zu machen. Wenn ihnen mal eine Idee kommt, denken sie nicht weiter darüber nach, sondern konzentrieren sich aufs »business as usual«.

Derselbe Effekt stellt sich ein, wenn in einem Unternehmen jeder Arbeitsprozess genau geregelt ist. Handbücher, ISO-Normen, Formulare – sie alle haben ihre Berechtigung und sind sinnvoll, um Qualitätsstandards einzuhalten. Um Zertifizierungen zu bekommen. Um auf dem Markt zu überleben. Dumm nur, dass Standards das genaue Gegenteil von Innovation sind. Wer sich genau an vorgeschriebene Arbeitsschritte halten muss, hat keinen Spielraum, um Neuerungen einzuführen. Deswegen wird er gar nicht über Verbesserungsmöglichkeiten nachdenken. »Das steht nicht im Handbuch«, mit diesem Satz wird jede noch so kleine Innovation im Keim erstickt. Regeln sind nötig, aber zu viele Regeln sind der Tod jeder Kreativität, jeder Eigenständigkeit.

> Zu viele Regeln sind der Tod jeder Kreativität.

Und das ist katastrophal. Denn ein Unternehmen ist darauf angewiesen, dass *alle* Mitarbeiter, egal auf welcher Ebene, ihre Kreativität nutzen. Oder jedenfalls möglichst viele, denn je mehr Menschen Ideen entwickeln, desto höher ist die Chance, dass ein paar richtig gute dabei sind. Man kann zwar Abteilungen einrichten, die speziell fürs Ideenentwickeln zuständig sind. »Forschung und Entwicklung« oder »Research and Development« heißen sie in technologieorientierten, chemischen oder pharmazeutischen Unternehmen. Bei Google heißt die Abteilung »War Room«. In anderen Unternehmen sehen es die Spitzen-Führungskräfte als ihre ureigene Aufgabe an, die großen Ideen, die Geschäftskonzepte und genialen Würfe zu entwickeln. Aber das Problem all dieser Profi-Ideenfinder ist: Ihre Kreativität gilt immer nur ihrem speziellen Aufgabenbereich. Alle anderen Unternehmensaufgaben, von der Buchhaltung bis hin zum Kundenservicecenter, brauchen aber ebenfalls kontinuierliche Verbesserung. Die kann nicht an die Kreativprofis delegiert werden, sondern die Schaffenskraft von jedem einzelnen Mitarbeiter ist nötig. Blöd, wenn die nur noch im Privatleben ausgelebt wird.

Was machen Führungskräfte, wenn ihnen auffällt, dass von ihren Mitarbeitern kaum noch Ideen kommen? Richtig: Einen Ideen-Workshop.

Von Ideenwettbewerben und anderen Eintagsfliegen

Ideenwettbewerbe oder Kreativ-Workshops werden immer dann ins Leben gerufen, wenn die Führungskräfte der Innovationskraft ihrer Mitarbeiter mal wieder einen kräftigen Anschub verleihen wollen. Wir kennen viele Unternehmen, in denen sie sogar institutionalisiert sind: Einmal im Jahr, vorzugsweise während der branchenüblichen Flautezeit, findet ein großer Kreativ-Workshop statt. Gruppenweise kommen die Mitarbeiter oder zumindest die mittlere Führungsebene zusammen. Unter Anleitung eines Moderators wenden sie Kreativitätstechniken wie den morphologischen Kasten, Brainstorming oder Pinnwandmoderation an. Sie befeuern und inspirieren einander und entwickeln zusammen viele gute Ideen, was man anders und besser machen kann. Diese Ideen werden gesammelt, später sortiert, auf ihre

Machbarkeit und ihren potenziellen Nutzen hin geprüft, und die besten zwei oder drei werden umgesetzt.

Soweit die Theorie.

In der Praxis haben wir die Erfahrung gemacht, dass die Energie aus solchen Kreativ-Workshops sehr rasch verfliegt. Die Teilnehmer gehen euphorisiert nach Hause, mit dem festen Vorsatz, die Ideen auch wirklich umzusetzen – und dann kommt der Alltagskram dazwischen. Weil der Workshop eine Ausnahmesituation ist, losgelöst vom normalen Berufsalltag, haben die Teilnehmer das Gefühl, dass die darin entstandenen Ideen nicht wirklich etwas mit ihnen selbst zu tun haben. Das Schlimme ist, dass das oft auch stimmt: Ein guter Teil der so entstandenen Ideen ist nicht wirklich praxistauglich. Weil sie nicht in der Berufspraxis entstanden ist, sondern in einem abgehobenen Raum. Eine Idee von einem anderen Planeten eben.

Kreativ-Workshops produzieren zwar Ideen, aber nicht wirklich deren Umsetzung.

Kreativ-Workshops produzieren zwar Ideen, aber nicht wirklich deren Umsetzung. Falls überhaupt etwas umgesetzt wird, dann langsam und auf Wegen, die für den Ideengeber kaum nachzuvollziehen sind. Beim Mitarbeiter kommt so dieselbe Botschaft an wie bei einem schlecht gehandhabten betrieblichen Vorschlagswesen: »Mein Chef fordert zwar Ideen ein, aber er wertschätzt sie nicht.« Also sind Ideen der Mühe nicht wert. Mit der Zeit gehen die Mitarbeiter nur noch ungern zum Kreativ-Workshop und liefern dort, wenn überhaupt, nur banale Beiträge. Diese Ideenquelle gräbt sich selbst das Wasser ab.

Manchmal sind es gar nicht die Führungskräfte, die den Ideen der Mitarbeiter nicht genügend Wertschätzung entgegenbringen. Sondern die Mitarbeiter selbst.

Das Rad oder nichts

Wir haben in unserem eigenen Fortbildungsinstitut ein internes Vorschlagssystem eingerichtet – getauft auf den Namen MISS: »Mitarbeiter-Ideen für mehr Service und Sparsamkeit«. Am Anfang waren wir enttäuscht. Nur ab und zu landete ein Vorschlag auf unseren Schreibtischen. Bis zu einem Schlüsselerlebnis, das Simone vor drei Jahren hatte. Sie unterhielt sich mit einem unserer Seminarleiter, und er redete davon, dass die Flipchart-Stifte öfters mal ausgingen und er sich dann ein paar Tage lang mit ausgenudelten Stiften behelfen musste, bis die Bestellung da war.

»Man könnte doch wie in der Industrie üblich ein Bestellkärtchen auf die unterste Schicht in die Schachteln legen. Dann werden automatisch Stifte nachbestellt, wenn noch fünf da sind«, schlug er vor.

»Prima«, sagte Simone. »Warum schreiben Sie die Idee nicht auf und werfen sie in den Vorschlagskasten? Dann geht sie nicht verloren.«

»Was, so was Banales? Ich dachte, der Kasten wäre für echte Innovationen da!«

Wie viele gute Ideen werden nie bekannt, weil ihre Urheber denken, sie wären nicht genial genug?

Tja. Wie viele gute Ideen sind uns wohl durch die Lappen gegangen, weil ihre Urheber dachten, sie wären nicht genial genug?

Wir haben daraufhin eingeführt, dass wir positives Feedback zu den Vorschlägen nicht nur dem Mitarbeiter persönlich, sondern öffentlich geben. Umgesetzte Ideen werden im Daily Huddle, unserem morgendlichen Stehkonvent, gefeiert: »Top MISS: Stifte-Bestellsystem«. Auch nicht umgesetzte Ideen werden gewürdigt und – mit nachvollziehbarer Begründung – beerdigt. Seitdem bekommen wir regelmäßig Ideen eingereicht. Kleine, nützliche Ideen. Einfach nur, weil den Mitarbeitern klar ist: Wir müssen nicht das Rad neu erfinden, ein neues Achsen-Schmiermittel ist auch schon wertvoll!

Mitarbeiter halten ihre Ideen zurück, weil sie sie nicht für wichtig oder innovativ genug halten. Das ist ein großer Verlust. Erstens, weil auch kleine Ideen sehr nützlich sein können. Und zweitens, weil bescheidene Menschen dazu neigen, ihre Ideen zu unterschätzen. So wie der englische Apotheker John Walker. Er rührte seine Mixturen mit Holzstäbchen um. Eines Tages im Jahr 1826 rieb er zufällig eines dieser Stäbchen, an dem eine Mischung aus Antimon (III)-Sulfid und Kaliumchlorat eingetrocknet war, auf einer rauen Fläche – und es fing an zu brennen. Das Streichholz war erfunden. Walker verkaufte von da an die Hölzchen in Dosen zu 100 Stück. Seine Freunde rieten ihm, die Entdeckung patentieren zu lassen. Aber er fand sie viel zu banal für ein Patent. Banal! Eine Erfindung, die Millionen Haushalte vom mühsamen Feuerschlagen mit Stahl und Feuerstein befreite! Samuel Jones, ein Unternehmer aus London, war weniger scheu: Er meldete 1828 Walkers Erfindung zum Patent an, vertrieb die Zündhölzer unter dem Namen »Lucifers« und wurde damit wohlhabend. Walker nicht. Immerhin, Streichhölzer sind in der Welt. Stellen Sie sich mal vor, Walker hätte das brennende Hölzchen gar niemandem gezeigt, weil er es für unwichtig hielt ...

Das Gegenteil ist aber auch nicht besser: Mitarbeiter, die ihre Ideen zurückhalten, weil sie ihnen zu groß sind – unübersehbar groß. Weil sie einen Geistesblitz hatten, von dem sie sehen: Der würde eine ganze Menge Veränderungen mit sich bringen. Sie haben aber noch nicht bis in den letzten Winkel durchdacht, wie man das umsetzen kann und wo Fallstricke lauern. Sofort kommt die Sorge auf: »Schaffen wir das denn? Was, wenn jemand einen Riesenfehler baut, weil der neue Prozess noch ungewohnt ist? Dann bin ich schuld. Nein, da halte ich lieber die Klappe.« Weil die Idee noch nicht ganz ausgereift ist, wird sie zurückgehalten – und kann deswegen gar nicht ausreifen. Denn solange niemand davon weiß, kann auch niemand dem Mitarbeiter Zeit zur Verfügung stellen, um die Sache auszuarbeiten. Schon gar nicht ein Projektteam auf die Beine stellen, das sich um die Umsetzung kümmern könnte.

Wenn eine Idee noch nicht ganz ausgereift ist, wird sie zurückgehalten. Die Umsetzung scheint zu riskant.

Zu hohe Ansprüche an Ideen unterminieren die Innovationskraft eines Unternehmens. Was ist also wirklich notwendig, damit Ideen rasch umgesetzt werden?

Vom Wert der Zahlen

Wissen ist Macht. Macht ist Energie. Energie bringt Bewegung in Gang.

Um die nötige Energie zur Umsetzung von Ideen zu gewinnen, ist also Wissen nötig. Und zwar Wissen auf allen Ebenen des Unternehmens. Die Führungskräfte brauchen den Überblick: Wie viele und welche Ideen, Vorschläge, Innovationen sind im Zeitraum X über das betriebliche Vorschlagswesen eingegangen? Von wem? Wie viele dieser Vorschläge waren gut genug, dass wir beschlossen haben sie umzusetzen? Bei wie vielen davon hat die Umsetzung funktioniert, und wie lange hat sie gedauert? Welcher Aufwand wurde dafür aufgewendet – und was hat es gebracht?

Konkrete Kennzahlen sorgen dafür, dass Ideen wertgeschätzt und umgesetzt werden.

Konkrete Kennzahlen werden hier gesammelt und ausgewertet. So haben die Führungskräfte ein Werkzeug in der Hand, um Quellen der Kreativität zu identifizieren und gezielt anzuzapfen. Aber auch, um festzustellen, ob es bei der Umsetzung hakt. Sie können die Ursachen der Umsetzungsprobleme identifizieren und beseitigen. Und vor allem: Sie können die Mitarbeiter umgehend darüber informieren, was aus ihren Vorschlägen geworden ist. Nichts motiviert mehr als ein Plakat im Foyer: »Der Vorschlag zum Telefonmarketing hat dem Unternehmen 243 neue Kunden mit einem Umsatzvolumen von insgesamt 120 000 Euro eingebracht!« Oder: »Aus unserer Abteilung erreichten im Jahr 2013 32 Verbesserungsvorschläge die Geschäftsführung. Davon wurden 21 umgesetzt.«

Würdigung der Ideen und rasche Umsetzung: Beides zusammen sorgt dafür, dass sich das Unternehmen auf die Schnellstraße zum Champion begibt.

Dafür, dass es dort nicht im Stau steckenbleibt, sorgt eine zweite Maßnahme.

Keine Scheu!

Um Ideen zu entwickeln, vorzubringen und vor allem umzusetzen, brauchen Sie kreative, selbstbewusste, zupackende Mitarbeiter. Keine Bürokratiehengste, sondern eigenständig denkende Leute. Solche, die sich trauen, neue Wege zu beschreiten – selbst wenn sie nicht so genau wissen, wohin sie führen.

Also vorzugsweise solche Leute einstellen? Ja. Aber dabei bleibt es nicht. Wir haben immer wieder erlebt, dass mutige, kreative Leute im falschen Umfeld innerhalb von einem Jahr all ihren Schwung verloren haben. Dabei wirkt nicht nur Bürokratie als Bremsklotz. Sondern vor allem eine Sache: Angst vor Fehlern.

Dass Unternehmen dringend eine positive Fehlerkultur brauchen, ist nichts Neues. Über die Wertschätzung von und den konstruktiven

Umgang mit Fehlern sind in den letzten Jahrzehnten viele Bücher und Fachartikel geschrieben worden. Theoretisch sind sich alle darüber einig.

Praktisch stellen wir aber immer wieder fest, dass trotz all der schönen Worte in vielen Unternehmen immer noch eine Fehlervermeidungskultur statt einer Fehlerkultur herrscht. An und für sich ist der Wunsch, möglichst wenige Fehler zu machen, ja ehrenwert, denn er entspringt dem Streben nach Qualität und Effizienz. Die Kehrseite davon ist, dass dort, wo er übermächtig wird, die Fehlertoleranz minimal ist. Wenn einem Mitarbeiter ein Fehler unterläuft, der das Unternehmen Geld kostet, bekommt er einen Riesenärger. Mindestens ist ein ernstes Mitarbeitergespräch fällig. Vielleicht sogar einen Anpfiff vor versammelter Mannschaft. Im Wiederholungsfall gibt es arbeitsrechtliche Konsequenzen, Gehalts- oder zumindest Bonuskürzungen. Im schlimmsten Fall Entlassung.

Der Nachteil: Ein Mitarbeiter, dem die Angst vor Fehlern im Nacken sitzt, wird sich kaum auf etwas Neues einlassen wollen. Schon gar nicht etwas Neues selbst ins Leben rufen. Lieber die gewohnten Routinen abarbeiten, die vielleicht ein bisschen weniger wirkungsvoll sind, aber dafür eingeübt. Denn bei denen ist das Risiko, etwas falsch zu machen, minimal.

Auch die Führungskräfte eines Unternehmens, das vor allem auf Fehlervermeidung setzt, werden neuen Ideen eher skeptisch gegenüber stehen. Sie werden erst umgesetzt, nachdem man sich nach allen Seiten hin abgesichert hat. Viel zu langsam!

»Immerhin, Sie haben den großen Wurf versucht! Er ging zwar daneben, aber das ist immer noch besser, als überhaupt nicht zu werfen!«

Wir plädieren für eine Kultur der Fehlertoleranz im Unternehmen. Eine, die akzeptiert: Wenn etwas Neues entstehen soll, müssen wir auch ein paar Fehlgriffe in Kauf nehmen.

Das heißt aber auch, dass ein Mitarbeiter, der ein neues Verfahren ausprobiert und dabei Zeit oder Geld in den Sand setzt, nicht zusammengestaucht wird. Sondern wertgeschätzt. Das Feedback muss sein: »Immerhin, Sie haben den großen Wurf versucht! Er ging zwar daneben, aber das ist immer noch besser, als überhaupt nicht zu werfen!« Das Schöne an jedem Fehler ist ja: Er liefert jede Menge Informationen dazu, wie die Sache das nächste Mal besser laufen kann.

Erst wenn aus Fehlern immer wieder nichts gelernt wird, haben Sie Grund, sauer zu werden. Aber das ist ein anderes Thema.

Und: Action!

Damit ein gutes Unternehmen zum Champion wird, braucht es also beides: Ideen und ihre Umsetzung. Das heißt aber nicht unbedingt, dass beides im selben Unternehmen passieren muss. Es gibt Erfinder und Gründertypen, die laufend Geschäftsmodelle entwickeln, vielleicht ein Start-up gründen, um die Praxistauglichkeit zu testen, und das Ganze nach wenigen Jahren an ein etabliertes Unternehmen verkaufen. Während dieses Unternehmen die Sache professionell aufzieht, sind sie selbst schon an der nächsten Idee. Es gibt auch noch andere Formen der Arbeitsteilung. Richard Branson hat das Modell, dass er seine verrückten Ideen sofort an Umsetzer delegiert, selbst aber als Unternehmensinhaber und Leitfigur präsent bleibt. Und dann gibt es Unternehmen, die sich darauf spezialisiert haben, die Welt nach kreativen Ideen abzusuchen, diese aufzukaufen, zu verbessern und groß damit rauszukommen. Im Grunde sind die meisten Ideen nicht vom Erfinder selbst zum Markterfolg gemacht worden.

> **Erfinder und Umsetzer können unterschiedlichen Unternehmen angehören. Hauptsache, beides passiert! Und Hauptsache, beides passiert schnell!**

Also: Erfinder und Umsetzer können unterschiedliche Personen sein, sogar unterschiedlichen Unternehmen angehören. Hauptsache, beides passiert! Und Hauptsache, beides passiert schnell! Dafür zu sorgen, ist Ihre Aufgabe als Führungskraft. Schaffen Sie die Strukturen, suchen Sie sich die passenden Leute und geben Sie ihnen alles an die Hand, was sie brauchen, um Ideen zu entwickeln oder aufzutreiben, sie auszuarbeiten und auf den Markt zu bringen. Schnell. Bevor Ihre Wettbewerber es tun.

Moment mal. Hat diese Art der Ideensuche nicht etwas Planloses? Wenn Führungskräfte den Erfolg des Unternehmens davon abhängig machen, welche Ideen wohl ihren Mitarbeitern kommen, oder welche Ideen sie im Umfeld entdecken und aufgreifen können – wo bleibt da die Unternehmensstrategie? Wo bleibt die Planung?

Dazu mehr im nächsten Kapitel.

- Gute Ideen sind unverzichtbar. Sie machen aus einem Unternehmen aber noch keinen Champion.

- Bei der Umsetzung einer Idee kommt es auf das richtige Timing an.

- Im Weg stehen Bürokratie und Perfektionismus.

- Perfektion anzustreben ist gut. Vor der Lancierung eines Produktes ist sie aber der größte Bremsklotz.

- Bei einer Produkteinführung reicht eine Beta-Version zu Beginn völlig aus.

2 Der Strategie-Irrtum

Neuer Manager, neue Strategie, neue Ära! Dieser Dreiklang erschallt bei großen Unternehmen immer wieder.

Zum Beispiel bei Adidas. Als 2001 Herbert Hainer den Vorstandsvorsitz von Robert Louis-Dreyfus übernahm, wurden große Erwartungen an ihn geknüpft. Louis-Dreyfus hatte den Konzern entschlackt, Bürokratie abgebaut, die Produktion verbilligt, indem er sie nach Asien verlegte. Damit hievte er den Konzern vom absteigenden auf den aufsteigenden Ast. Von Hainer erhoffte man sich mehr, viel mehr.

Und tatsächlich ging Hainer seine neuen Aufgaben energisch an. Mit einer neuen Strategie: die Marke Adidas zum internationalen Lifestyle-Label entwickeln. Die Mittel dazu: Schickes Design. Edelprodukte neben massentauglichen Marken, also eine breite Aufstellung. Hainers erklärtes Ziel war es, dem Marktführer Nike den Rang abzulaufen. Der Anspruch: Adidas ist der Ausrüster für Champions und selbst Champion!

Die Strategie scheint aufzugehen. Hainer gelang es bis 2014, den Börsenwert von Adidas zu verfünffachen und den Umsatz zu verzweieinhalbfachen. Nike ist zwar noch uneingeholt, aber wer weiß, was die nächsten Jahre bringen …

Die Strategie entscheidet über Erfolg oder Misserfolg eines Unternehmens. Geniale Strategie = Unternehmenserfolg. Das jedenfalls ist der Tenor in Fachpresse und Wirtschaftsredaktionen. Und der schwingt auch unterschwellig in vielen Regalmetern Management-Literatur mit, in denen erklärt wird, wie man Unternehmen strategisch geschickt aufstellt und welche Management-Tools dafür von Nöten sind. Das Signal ist ziemlich eindeutig: Auf die Strategie kommt es an!

Jeder Manager, jede praxiserfahrene Führungskraft weiß: Ganz so einfach ist es nicht. Wie alle Planungsinstrumente ist auch die strategische Unternehmensplanung nur dann erfolgreich, wenn sie konsequent umgesetzt wird. Und ja, auch zur Umsetzung der Unternehmensstrategie gibt es regalmeterweise Fachliteratur.

Planung, die zwar auf dem Papier stimmig ist, aber mit der Realität nichts zu tun hat.

Trotzdem beobachten wir immer wieder, wie Planung in Unternehmen fehlschlägt: Überproduktion, stockende Materialflüsse, lange Liege- und Wartezeiten. Wahlweise auch versenkte Budgets, Projekte ohne Ergebnisse, Personalengpässe. Planung, die zwar auf dem Papier stimmig ist, aber mit der Realität nichts zu tun hat. Oder dass das, was letztlich umgesetzt wird, am strategischen Ziel haarscharf vorbeigeht. Das Vertrauen in eine gute Strategie ist offenbar so hoch, dass die Menschen in Unternehmen ab und zu vergessen, dass es damit noch nicht getan ist. Ein schwerwiegender Irrtum.

Wo liegt also das Problem? Welche Faktoren verhindern, dass eine gute Planung konsequent und zügig umgesetzt wird?

Erster Faktor: Leitsterne reichen nicht aus!

Vollversammlung der Niederlassung Heidelberg in der Firma Müller & Co. Auftritt Herr Heinrich, der Niederlassungsleiter.

»Meine Damen und Herren, wie Sie alle wissen, war ich dieses Wochenende bei dem Strageqie-Workshop der Unternehmensspitze. Wir haben unsere Geschäftsstrategie für die kommenden vier Jahre entwickelt. Ich kann Ihnen jetzt schon sagen: Wir sind auf Erfolgskurs! Wir wollen im deutschen Baugeräte-Markt fünfzehn Prozent Marktanteil erobern. Das schaffen wir, indem wir auf Qualität und Nachhaltigkeit setzen. Damit überzeugen wir unsere Kunden!«

Beinahe eine Viertelstunde lang redet Herr Heinrich enthusiastisch über die neue Geschäftsstrategie und schließt wie immer:

»Gibt es noch Fragen?«

Die Mitarbeiter schauen einander an und schweigen.

»Na dann, an die Arbeit! Denken Sie dran: Qualität und Nachhaltigkeit!«

Mit Schwung verlässt Herr Heinrich den Raum. Kaum ist er draußen, schüttelt Frau Meierbeck den Kopf und flüstert ihrem Kollegen Herrn Moosbacher zu:

»Das klingt ja alles schön und gut, aber was heißt das jetzt konkret für uns?«

»Keine Ahnung! Ist mir, ehrlich gesagt, auch ziemlich egal. Ich kenn' das nämlich schon: Von der Geschäftsleitung kommen immer tolle Phrasen, aber mit nichts dahinter! Bisher ist es noch immer drauf rausgelaufen, dass wir einfach weitermachen wie bisher!«

Gesetzt der Fall, dass sich bei der fiktiven Firma Müller & Co. hinter den Schlagworten »Qualität« und »Nachhaltigkeit« tatsächlich eine konkrete Strategie verbirgt, ging diese in der ungeschickten Kommunikation völlig unter. Doch die Fiktion ist bittere Realität: Ob für das Leitbild auf der Firmenwebsite, für die eigene Imagebroschüre, oder in Interviews der Top-Leader mit Wirtschaftszeitschriften – überall wird die Unternehmensstrategie in ein paar wohlklingende Worte gedrechselt. Und wie bei einem Resonanzkörper klingen diejenigen Worte am besten, die innerlich hohl sind.

> Wie bei einem Resonanzkörper klingen diejenigen Worte am besten, die innerlich hohl sind.

Nur ein Beispiel: Was sagen Ihnen die folgenden Strategie-Bekundungen?

- »Führend durch Innovation!«
- »Nachhaltig und profitabel wachsen!«
- »Werte für alle unsere Anspruchsgruppen schaffen!«
- »Im Fokus unseres Handelns stehen die Bedürfnisse unserer Kunden!«

Völlig eindeutig! Nicht? Falls Ihnen diese beeindruckenden Sätze ziemlich inhaltsleer vorkommen: Uns auch. Einige davon haben zudem verdächtige Ähnlichkeit mit eierlegenden Wollmilchsäuen. Jede nur mögliche Interessengruppe soll befriedigt werden, alles, was toll klingt, wird angestrebt. Das Ergebnis: Eine Nullaussage – fünf Euro fürs Phrasenschwein. Zudem eine völlig austauschbare. Oder hätten Sie erkannt, dass das erste Statement von Adidas stammt, das zweite von Siemens, das dritte von Roche und das vierte von Daimler?

Schon klar, dass die öffentlich verkündeten »Strategien« eigentlich nur Imagekundgebungen sind. Die tatsächliche strategische Planung ist wesentlich konkreter, detaillierter und komplexer. Hoffen wir mal! Deshalb sind so ein paar hübsche Werbefloskeln auch kein Problem. Ein bisschen Futter für die hungrigen Medienmäuler. Wenn die von so leichter Kost nicht satt werden und genauer nachfragen – umso besser. Dann bekommen die Unternehmen eine weitere Gelegenheit, sich positiv zu präsentieren.

Wirklicher Schaden entsteht erst, wenn auch in der Kommunikation mit den Angestellten nur mit Floskeln hantiert wird. Und nicht nachvollziehbar ist, was »Qualität« und »Nachhaltigkeit« für das Handeln des Einzelnen bedeuten. Zum einen mag das daran liegen, dass die Unternehmensleitung ungern ihre strategische Planung im Detail preisgibt: Schließlich könnten trotz aller Geheimhaltungspflicht Informationen an Wettbewerber oder die Presse gelangen, was unterm Strich Sabotage wäre. Zum anderen liegt es an einem unreflektierten Informationsgefälle: Während einem Manager, der den Prozess der Strategieentwicklung kennt, ein Stichwort völlig ausreicht, um daraus ein konkretes Bild der Strategie abzuleiten, bleibt dasselbe Schlagwort für die Mitarbeiter rätselhaft. Einerseits, weil sie nicht unbedingt immer wissen, was die »Nischenstrategie nach Michael Porter« ist. Andererseits, weil die übergeordnete Unternehmensstrategie notwendigerweise mit kräftigen, groben Strichen gezeichnet ist. Was sie konkret für den Arbeitsalltag jedes einzelnen Mitarbeiters bedeutet, muss erst einmal geklärt werden.

Auch die biblischen Weisen aus dem Morgenland fanden anhand ihres Sterns nur das richtige Land – für die genaue Adresse mussten sie nachfragen!

Die strategische Planung muss also auf Leitlinien für die operative Planung heruntergebrochen und eindeutig kommuniziert werden. Wie sonst sollten Mitarbeiter die Planung entsprechend umsetzen können? Viel zu oft wird aber genau das vernachlässigt. Die Unternehmensstrategie bleibt ein ferner Leitstern, der zwar eine grobe Richtung angibt, aber keine Adresse. Als Navigationsmittel taugt er daher nur bedingt. Auch die biblischen Weisen aus dem Morgenland fanden anhand ihres Sterns nur das richtige Land – für die genaue Adresse in Bethlehem mussten sie bei König Herodes nachfragen!

Also: Konkrete, klare Kommunikation der Unternehmensziele an die Mitarbeiter ist unerlässlich. Aber das ist nur das Eine.

Zweiter Faktor: Kennzahlen? Welche Kennzahlen?

Um die Strategie umsetzen zu können, braucht es ein paar Leitplanken, an denen sich die Mitarbeiter im operativen Tagesgeschäft orientieren können. Ein klassisches Steuerungswerkzeug ist die Arbeit mit Kennzahlen, anhand deren die Mitarbeiter jederzeit überprüfen können, ob sie noch in Richtung der strategischen Unternehmensziele unterwegs sind. Geschickt gewählt, übertragen sie die strategische Planung in messbare Größen fürs Tagesgeschäft. Lautet die Strategie »Expansion« innerhalb eines bestimmten Marktes, dann misst man die Zahl der Neukunden. Setzt das Unternehmen auf Expansion in neue Märkte, auf Globalisierung, registriert man die Zahl der neuen Niederlassungen in anderen Erdteilen, die Zahl der internationalen Geschäfte. Wird auf Qualität gesetzt, liefern Ausschusszahlen und Kundenfeedbackbögen die zentralen Informationen.

Im Idealfall hat jede Filiale, jede Abteilung, jeder Geschäftszweig eigene Kennzahlen. Das Schöne daran: Sie liefern nicht nur dem einzelnen Mitarbeiter Orientierung, sondern auch, in Kennzahlencockpits wie der Balanced Scorecard kumuliert und miteinander verrechnet, der Unternehmensleitung.

Soweit die Theorie. Praktisch beobachten wir immer wieder, dass mit Kennzahlen Schindluder getrieben wird. Und zwar auf unterschiedliche Weise. Die seltenste zuerst: Es gibt tatsächlich noch ein paar Unternehmen, in denen diese Zahlen als Herrschaftswissen behandelt werden. Und entsprechend unter Verschluss gehalten. Nichts mit: »Im firmeninternen Intranet jederzeit abrufbar!« Nein, der illustre Geheimbund der Controller sammelt die Daten, bündelt sie und gibt sie an die Unternehmensleitung weiter. Und diese selektiert, welche davon sie an die einzelnen Mitarbeiter zurückspielt. Vielleicht einmal im Monat oder Quartal. Als Steuerungstool, um im Tagesgeschäft auf besorgniserregende Entwicklungen rasch reagieren zu können, taugen Kennzahlen so nicht mehr.

Viel häufiger ist ein anderes Problem. Und zwar: Die Unternehmensleitung gibt die Kennzahlen zwar großzügig und jederzeit an die Mitarbeiter weiter. Aber trotzdem weiß keiner so recht, was sie bedeuten. Selbst hochqualifizierte Führungskräfte geraten da in Bedrängnis, weil sie nicht exakt wissen, was Kennzahlen eigentlich aussagen und wie man sie als Planungsinstrument richtig nutzt. Da gibt es mittelständische Unternehmer, die bekommen einmal im Jahr ihre betriebswirtschaftliche Auswertung vom Steuerberater und glauben, damit sei es getan! Dabei können sie nur rückblickend sehen, ob sie Gewinn gemacht haben – für die aktuelle Situation fehlen ihnen die Zahlen. Von der zukünftigen Planung ganz zu schweigen.

> Selbst hochqualifizierte Führungskräfte wissen nicht genau, was Kennzahlen eigentlich aussagen und wie man sie als Planungsinstrument richtig nutzt.

Ein extremes Beispiel: Wir hatten eine Mannschaft aus Werkstatt- und Niederlassungsleitern zur Fortbildung bei uns. Alles hochqualifizierte Leute. Die erzählten, dass sie wöchentliche und monatliche Auswertungen aus dem Controlling erhielten. Die Werkstattleiter erhielten ganz neu eine BWA (Betriebswirtschaftliche Auswertung) mit Kostenstellenrechnung und die Niederlassungsleiter hatten verschiedene Auslastungskennzahlen zu planen. Alles mit Vergleichen zur Vorperiode und zum Vorjahr. Schon mal sehr gut. Aber keiner dieser Leute hatte eine betriebswirtschaftliche oder kaufmännische Ausbildung. Dementsprechend konnten sie schwer bis gar nicht einschätzen, was diese Zahlen aussagten.

»Dass es besser ist, wenn der Umsatz steigt, ist mir klar!«, sagte ein Teilnehmer. »Aber wie viel Umsatz braucht meine Filiale, um rentabel zu sein? Letztes Jahr hatten wir eine Periode, in der wir vier Monate lang gerade so eben die Gehälter und Fixkosten erwirtschaftet, aber keinen Gewinn gemacht haben. Wie lange kann ich so was überstehen?« Also mussten wir erst mal einen kleinen Crashkurs in betriebswirtschaftlichen Grundlagen durchziehen. Besonderes Schmankerl: Die jährliche Prämie der Mitarbeiter wird seit Jahren abhängig vom EBITDAR berechnet, dem Gewinn vor Zinsen, Steuern, Abschreibungen und Miete. Keiner im ganzen Team wusste, was die Kennzahl aussagt – obwohl die Höhe ihres Gehalts davon abhing.

Zahlen bekannt zu geben nützt alleine also noch gar nichts, wenn nicht auch mitgeliefert wird, wie die Zahlen zu interpretieren sind. Aber auch dann gehen die Missverständnisse weiter.

Die Boston Consulting Group Matrix, zum Beispiel, verleitet zu solchen Missverständnissen. Eigentlich wurde sie entwickelt, um Aktien zu bewerten. Irgendwann kam dann mal ein Manager auf die Idee, sie als Planungsinstrument im Unternehmen anzuwenden; seither gehört sie zur Managementlehre dazu. Festzustellen, wie groß der eigene Marktanteil im Verhältnis zu den Wettbewerbern ist, ist sicher wertvoll. Wenn diese Zahl aber als alleinseligmachende Messgröße für Unternehmenserfolg gewertet wird, fällt dabei unter den Tisch: Sie allein sagt wenig über tatsächliche Umsätze, über Erfolg und Wichtigkeit des Unternehmens aus. In einem schrumpfenden Markt kann der eigene Anteil steigen und trotzdem die Umsätze in den Keller gehen. Wenn ein Verlag in einem absoluten Nischensegment, zum Beispiel Handarbeitsbüchern oder Jägerfachbüchern, der Marktführer ist, was heißt das schon? Wie viel ist es wirklich wert, der Beste unter drei oder vier Wettbewerbern zu sein? Solche Kennzahlen sagen nur dann etwas aus, wenn sie gemeinsam mit anderen Fakten ausgewertet werden. Ansonsten dienen sie nur der eigenen Bauchpinselei! Definiere ich den Markt nur klein genug, ist am Ende jeder irgendwo Marktführer.

Irreführend ist auch, wenn für das Alltagsgeschäft zwar aussagekräftige Kennzahlen verwendet werden – aber nur solche, die nicht auf die Unternehmensstrategie einzahlen. Das passiert beispielsweise dann, wenn das Unternehmen seine Geschäftsstrategie ändert und dabei versäumt, das Kennzahlensystem entsprechend anzupassen. So was gibt's doch gar nicht, meinen Sie? So verpeilt kann doch gar niemand sein? Doch, das gibt es. Haben wir alles schon erlebt. Und zwar nicht bei irgendeiner verträumten Feldwaldwiesen-Firma, sondern bei einem soliden mittelständischen Unternehmen.

Die alte Geschäftsstrategie war schlicht: Expansion. Dementsprechend wurde der Erfolg der Vertriebsabteilung an der Anzahl der Geschäftsabschlüsse, insbesondere der Neukunden, gemessen. Dann entwickelte die Unternehmensleitung eine neue Strategie: Auf Qualität und höhere Preise setzen. Um das zu erreichen, hätte die Vertriebsabteilung weniger Abschlüsse über höhere Summen erzielen müssen. Aber die Kennzahlen blieben, wie sie waren. Und die Mitarbeiter steckten in der Zwickmühle: Sollten sie die groß postulierte neue Unternehmensstrategie verfolgen? Dann müssten sie schlechtere Kennzahlen und damit geringere Boni in Kauf nehmen. Oder sollten sie weitermachen wie bisher und damit die neue Strategie unterlaufen? Sie wurden also zerrissen zwischen den Unternehmensinteressen und ihren eigenen. Und das nur, weil irgendeine Führungskraft nicht darüber nachgedacht hatte, dass höchster Qualitätsanspruch und Masse eher weniger miteinander vereinbar sind.

> Nur weil irgendeine Führungskraft nicht darüber nachgedacht hatte, dass höchster Qualitätsanspruch und Masse eher weniger miteinander vereinbar sind.

Beim Umgang mit Kennzahlen kann jede Menge schief gehen. Aber selbst wenn die Kennzahlen klar auf die Unternehmensstrategie abzielen, selbst wenn die Werkzeuge zur Umsetzung der Unternehmensstrategie scharf sind, kann die Umsetzung trotzdem scheitern.

Dritter Faktor: Die Trägheit eines Supertankers

2009 musste die Commerzbank mit Staatsmitteln vor dem Bankrott gerettet werden. In den Jahren danach probierte sie Verschiedenes aus, um wieder in die schwarzen Zahlen zu kommen: Personalabbau und Investitionen in Beratungsqualität und Kundenservice. Aufkauf der Dresdner Bank und Verschlankung. Regionalisierung und Konzentration aufs Deutschlandgeschäft – und 2014 dann wieder weltweite Expansion, einschließlich Eröffnung einer Filiale in Brasilien.

Der ständige Strategiewechsel, so Kommentatoren im *Handelsblatt* und in der *FAZ*, verunsichere Mitarbeiter und Aktionäre. Kein Wunder, dass die Commerzbank auf keinen grünen Zweig komme.

Mal ehrlich: Das ist doch kein Strategiewechsel, den die Commerzbank da vollzogen hat. Wir würden sogar so weit gehen zu sagen, dass die Commerzbank gar keine Strategie hatte, sondern lediglich ein Ziel. Und das ist immer dasselbe geblieben: Wieder Gewinn erwirtschaften und den Aktionären Dividende auszahlen können. Nur die Mittel, die die Commerzbank zur Erreichung dieses Ziels gewählt hat, wechselten. Eigentlich müsste also von Taktikwechseln die Rede sein. Und die sind völlig normal. Wenn sich die äußeren Umstände verändern und der ursprünglich eingeschlagene Weg zum anvisierten Ziel nicht mehr sinnvoll ist, wählt man eben einen anderen. Das ist nicht sprunghaft, sondern nur konsequent. Im Fall der Commerzbank jedoch trotzdem kritisch zu sehen, da Taktikwechsel ohne Strategie natürlich auch keinen Sinn machen.

Ein Beispiel: Wenn ein Unternehmen mit seiner Strategie auf weltweite Expansion setzt, kann die geeignete Taktik zur Erreichung dieses strategischen Ziels die Eröffnung von Niederlassungen in Russland sein. 2014 funkt die Krimkrise dazwischen, Geschäfte mit Russland werden auf einmal hochriskant: Wer weiß, welche Wirtschaftssanktionen noch beschlossen werden? Daher wird vielleicht ein Taktikwechsel nötig. Statt in Russland werden in Südamerika und Indien neue Niederlassungen eröffnet. Die Strategie der Globalisierung ist aber geblieben.

Nur werden in der öffentlichen Kommunikation offenbar die Begriffe Strategie und Taktik durcheinandergeworfen. Das ist gefährlich. Wenn eine Unternehmensleitung beschließt, dass eine neue Taktik besser zum Ziel führt, den Mitarbeitern gegenüber aber von Strategiewechsel spricht, glauben diese, das ganze Unternehmensziel hätte sich geändert. Da machen sie nicht mit. Jedenfalls nicht so bald. Erst mal braucht es viel Überzeugungsarbeit und Umstellungszeit.

Das Unternehmen wird so unmanövrierbar wie ein schwerer Supertanker. Wenn der mal in Bewegung gesetzt ist, dann fährt er. Geradeaus. Ohne Wenn und Aber, unaufhaltsam. Bremsen ist ein langwieriges Manöver, das mehrere Kilometer braucht. Auch Kurvenfahren und Wenden sind nicht mal so eben möglich. Was in der Unternehmensrealität bedeutet: Auf äußere Veränderungen kann nicht schnell genug reagiert werden. Bis die neue Taktik von den Mitarbeitern tatsächlich umgesetzt wird, hat sich der Markt schon wieder verändert – und der neue Kurs ist bereits veraltet.

Kurvenfahren und Wenden sind nicht mal so eben möglich.

Aber nicht nur bei der Umsetzung der strategischen Planung und der Taktik hapert's. Auch die ganz alltägliche Planung des operativen Geschäfts geht allzu oft an der Realität vorbei. Klingt absurd, denn die operative Planung ist ja die Aufgabe der einzelnen Mitarbeiter und unteren bis mittleren Führungskräfte. Von denen sollte man annehmen, dass sie mitten im wirklichen Arbeitsleben stehen und – wenn sie schon nicht immer den Überblick über die Langfristziele haben – immerhin genau wissen, wie der Hase jeden Tag läuft. Sie haben den engsten Kontakt zu den Kunden und kennen ihre eigenen Arbeitsabläufe. Da müsste ihnen eine realistische Planung doch leicht fallen, oder?

Vierter Faktor: Ein Plan ist ein Plan ist ein Plan

Für seine Planung hat der Fahrer ein Hilfsmittel: Die allerneueste Deutschlandkarte des ADAC. Er studiert sie gründlich und legt seine Route fest. Von Stuttgart nach Frankfurt, das geht am besten über Heilbronn, dann die A6 nach Heidelberg, an Mannheim vorbei und über Darmstadt nach Frankfurt. In zweieinhalb Stunden müsste er da sein. Okay, passt. Karte ins Handschuhfach zurücklegen und los.

Vierzig Kilometer später hängt er in einem gewaltigen Stau fest. Nach einer halben Stunde quälendem Stop-and-go-Verkehr erreicht er endlich die nächste Ausfahrt: Untergruppenbach. Erleichtert ergreift er diesen

Fluchtweg und ist froh, dass er endlich wieder aufs Gas drücken darf. An der nächsten Kreuzung biegt er Richtung Heilbronn ab. Nach einigem Herumgegurke landet er dann auf der B27. Endlich wird die A6 Richtung Heidelberg angezeigt – und schon von Weitem sieht der Autofahrer: Die ist ebenfalls völlig verstopft. Also Landstraßen. Wann immer er eine Abzweigung Richtung Heidelberg sieht, nimmt er sie. Dabei verfranst er sich immer mehr auf kleinen und kleinsten Straßen, die gar nicht mehr auf seiner Übersichtskarte eingezeichnet sind. Auf diese Weise wird er noch mindestens drei Stunden nach Frankfurt brauchen. Wenn nicht vier. Aber anhalten und nach dem Weg fragen? Dazu müsste er ja zugeben, dass er sich verfahren hat! Für einen Mann käme das einer Verletzung seiner Ehre gleich!

So erfährt der Autofahrer nicht, dass er schon längst näher an der A81 in Richtung Würzburg ist als an der A6. Auf der Route über Würzburg und Aschaffenburg rollt der Verkehr gut. In knapp zwei Stunden könnte er in Frankfurt sein – wenn er bloß merken würde, dass er diese Möglichkeit hat.

Wozu erzählen wir Ihnen von einer missglückten Autofahrt? Weil die Art, wie Mitarbeiter und Führungskräfte das Daily Business planen, oft Ähnlichkeiten mit einer Fahrt nach Karte hat. Der Plan wird einmal festgelegt – und dann strikt eingehalten. Jedenfalls so gut es eben geht. Wenn dann etwas dazwischenkommt, versuchen die Mitarbeiter verzweifelt, zum ursprünglichen Plan zurückzufinden oder sich ihm so weit wie möglich wieder zu nähern. Alle Termine werden um ein paar Tage verschoben, statt zu überlegen, ob man die Reihenfolge der Bearbeitungsschritte ändern und so schneller zum Gesamtziel gelangen könnte. Selbst wenn sich die äußeren Umstände ändern, wenn ein Zulieferer überraschend ausfällt, wenn der Kunde plötzlich Sonderwünsche anbringt: Oberstes Ziel ist immer noch die Einhaltung des Plans.

> Gute Planung kann sich an äußere Umstände anpassen – im besten Fall noch bevor diese sich wirklich auswirken.

Sinnvoller wäre es, Pläne flexibel zu gestalten. Wie ein Navigationsgerät: Wenn Sie an der Abzweigung vorbeifahren, wird blitzschnell berechnet, welche Route ab hier die schnellste ist. Gute Navigationsgeräte empfangen sogar die Verkehrsmeldungen und lotsen Sie automatisch um größere Staus herum.

Gute Planung kann sich an äußere Umstände anpassen – im besten Fall noch bevor diese sich wirklich auswirken.

Leider neigen die Planer im Unternehmen, seien es nun Führungskräfte oder die einzelnen Mitarbeiter, allzu oft dazu, an einmal gefassten Plänen festzuhalten. Und das nicht aus Sturheit oder Fantasielosigkeit. Sondern aus dem Bedürfnis heraus, zuverlässig zu sein. Die psychologische Falle, die hier wirkt, ist: »Der Plan wurde deshalb so ausgearbeitet, weil er der effizienteste, sinnvollste Lösungsweg ist. Jede Planabweichung ist also eine Verschlechterung!« Und die wollen alle vermeiden. Außerdem: Die ganze Mühe zur Ausarbeitung des Plans soll doch nicht umsonst gewesen sein!

Diese Falle kennen wir selbst nur zu gut. In unserer Fortbildungsakademie planen wir ein halbes Jahr im Voraus, welche Kurse wann mit welchem Lehrpersonal in welchen Räumen stattfinden. Diese mühselige Planungsarbeit landet meistens auf Simones Schreibtisch. Die ersten Male saß sie tagelang da und tüftelte an einem Plan, um die optimale Raumausnutzung, Trainerauslastung und die perfekte Kursabstimmung auf die Prüfung hinzubekommen. Als die Trainer den Plan zu sehen bekamen, hagelte es Proteste: »Da bin ich schon bei einem anderen Kunden.« – »An dem Wochenende wird meine Tochter eingeschult.« – »Das Fach kann ich nicht unterrichten.« – »Im September möchte ich in Urlaub.«

Tja, tollen Plan ausgetüftelt, leider nicht praxistauglich! Simone musste ganz schön schlucken, dass die drei Tage Arbeit, die sie da reingesteckt hatte, umsonst gewesen sein sollten. Seit dieser Erfahrung planen wir anders: Wir erstellen den groben Rahmen, unsere Trainer melden zurück, wie sie sich die Details vorstellen. Die Raumaufteilung passiert erst ganz zum Schluss.

Detaillierte Planung ist zwar gut gemeint. Aber je detaillierter ein Plan ist, desto starrer und unflexibler wird er. Und desto weiter geht er an der Realität vorbei. Automatisch. »Planung ist das Ersetzen des Zufalls durch Irrtum.« Wir wissen nicht, wer diesen Satz wirklich geprägt hat. Zugeschrieben wird er Albert Einstein, Peter Ustinov oder auch Samuel Goldwyn. Aber egal wer es war: Die Beobachtung ist absolut treffend. Das genaue Einhalten eines Plans kann deshalb verhindern, dass das angestrebte Ziel erreicht wird. So wie unser Autofahrer wohl noch Stunden auf Deutschlands Straßen verlieren wird. Und zwar, weil er vergessen hat, dass sein Ziel nicht die Mannheim-Route ist. Sondern rechtzeitig zu seinem Termin in Frankfurt anzukommen.

> Je detaillierter ein Plan ist, desto weiter geht er an der Realität vorbei.

Permanentes Nachbessern ist den Perfektionisten ein Graus. Und davon gibt es unter den Planern in Unternehmen reichlich! Sie wollen nicht einen ersten, groben Wurf, sondern gleich eine sauber ausgearbeitete Vorlage. Sie verkünsteln sich in Details, anstatt loszulegen. Und sie tüfteln so lange am Plan, bis er von der Realität überholt wird.

Schlechte Kommunikation der Strategie, falscher Umgang mit Kennzahlen, zu großes Beharrungsvermögen bei Taktikwechseln und zu detaillierte Planung: All diese Probleme verhindern, dass die Planung eines Unternehmens auch tatsächlich rasch umgesetzt wird. Die vier Faktoren haben ein gemeinsames Merkmal: Die drei Ebenen der Planung – Strategie, Taktik und operative Planung – sind unzureichend miteinander verknüpft. Das ist das Kernproblem, das die Umsetzung der besten Pläne verhindert. Und damit den Erfolg. Wenn die Unternehmensstrategie nicht auf der Ebene der Tagesplanung ankommt, wenn Feedback über das, was täglich möglich ist, nicht auf der Strategieebene ankommt, dann kann das Unternehmen die besten Pläne der Welt erstellen – sie finden im gravitationsfreien Raum statt. Ohne Bodenhaftung werden sie niemals vorankommen.

Eine gut gemachte Planung würde einem Unternehmen einen gewaltigen Beschleunigungsschub geben.

Schade. Denn eine gute gemachte Planung, die eine klare Richtung vorgibt, die Ausgestaltung des Plans aber permanent an die Realität anpasst, würde einem Unternehmen einen gewaltigen Beschleunigungsschub geben. Teure Fehlplanung ade!

Durchstarten

Wenn Strategie, Taktik und operative Planung eng miteinander verknüpft sind, wenn vor allem jedem Mitarbeiter völlig klar ist, was die lang-, mittel- und kurzfristigen Ziele sind, dann hat das gewaltige Vorteile.

Erstens: Ziele werden tatsächlich umgesetzt – ohne riesigen Verwaltungsaufwand. Denn jeder Mitarbeiter kann seine operative Planung entsprechend der Unternehmensstrategie gestalten und eigenständige Entscheidungen treffen.

Nehmen wir beispielsweise an, die Strategie eines Discounters ist es: »Wir bieten durchschnittliche Qualität zum extrem günstigen Preis!« Diese Strategie wurde auch klar und realitätsnah an die Mitarbeiter vermittelt. Dann wissen die Mitarbeiter im Einkauf, nach welchen Kriterien sie sich für oder gegen ein bestimmtes Produkt entscheiden. Die Mitarbeiter, die für die Ladengestaltung zuständig sind, wissen: Der Laden muss sauber und ordentlich sein, aber wir verzichten auf Deko und Schnickschnack. Die Warenpräsentation muss übersichtlich sein, schnell auf- und abzubauen. Die Kunden erwarten einen funktionalen Einkauf, kein Erlebnis. Dasselbe Kriterium ermöglicht den Servicemitarbeitern zu sagen: rasch und freundlich kassieren, aber keine Beratung, kein nettes Pläuschchen mit den Kunden, kein Beziehungsaufbau. Kurz: Alles ist auf ordentliche Qualität bei minimaler Kostenstruktur ausgerichtet.

Anderes Beispiel: Ein Fortbildungsinstitut hat seine Strategie gut kommuniziert: »Wir werden das Harvard der beruflichen Weiterbildung!« Dann weiß jeder Mitarbeiter: Wir haben einen Eliteanspruch. Wir lassen nicht jeden zum Kurs zu, bilden die Besten der Besten aus, unser Name auf dem Zertifikat soll ein goldenes Karrieretor werden. Daher bieten wir von allem nur das Beste: beste Lehrkräfte, beste Ausstattung, höchster Anspruch in den Kursen. So weiß der Mitarbeiter, der das Unterrichtsmaterial zum Thema Arbeitsrecht beschafft: Er nimmt die luxuriöseste, vollständigste Variante. Keine Auszüge, keine Loseblattsammlung. Der Personalmanager weiß, dass er nur Lehrkräfte einstellt, die zu den Besten der Branche gehören und über entsprechende Berufserfahrung und Praxis verfügen und in der Lage sind, dieses Wissen auch anschaulich zu vermitteln. Auch wenn das die Gehälter in die Höhe drückt.

Eine gute Verknüpfung zwischen Strategie und operativer Planung bedeutet also vor allem eins: Die Kriterien, um Entscheidungen zu treffen, sind völlig klar. Deswegen müssen die Mitarbeiter nicht bei jeder Entscheidung, die für sie ansteht, bei der nächsthöheren Hierarchiestufe nachfragen. Das spart enorm viel Zeit.

Zweitens: Eine stimmige Verknüpfung der Planungs-Hierarchieebenen ermöglicht den Mitarbeitern, flexibel auf eine Veränderung der äußeren Umstände zu reagieren. Weil das Fernziel klar ist, kann die Route jederzeit angepasst werden. Das spart nicht nur Zeit, sondern sorgt auch dafür, dass die Ziele überhaupt erreicht werden.

Damit meinen wir nicht nur die unternehmerischen Fernziele. Sondern auch ganz konkret die Ziele im Alltagsgeschäft: Die Mitarbeiter schließen ihre Projekte mit gutem Ergebnis im Zeitplan ab, verwirklichen Innovationen, setzen Ideen zeitnah um, gehen Verbesserungsprozesse an. Das Unternehmen wird vom Planer und Sternengucker zum Macher.

Dazu braucht es aber genau das, was wir nicht müde werden zu betonen: grobe, flexible Planung. Nur die wichtigsten Zeitmarken werden festgeklopft, nur das ungefähre Vorgehen besprochen. Erst kurz bevor ein Planabschnitt akut wird, arbeiten die Mitarbeiter die jeweiligen Details aus. So bleibt genügend Spielraum, um immer den besten Weg zum Ziel zu finden.

Lernen kann man das beispielsweise von einer Druckerei wie zum Beispiel Prinovis, die für Medienhäuser wie Gruner+Jahr, Springer und Bertelsmann arbeitet oder Magazine, Kataloge und Werbeprospekte druckt. Ohne iterative Planung ginge hier gar nichts, vor allem weil neben den Stammkunden auch kurzfristige Aufträge angenommen werden. Die Jahresplanung erfolgt – ganz oldschool-mäßig – auf fünf Meter langen Tafeln, die für den perfekten Überblick sorgen. Jeder Auftrag wird durch ein Kärtchen markiert, dessen Größe auch den Umfang des Auftrags symbolisiert. Jeden Tag sorgt der zuständige Mitarbeiter dafür, dass die Regeln, nach denen Aufträge verteilt und die Auslastung der Maschinen vergeben werden darf, eingehalten werden. Die Tagesplanung erfolgt bis auf vier Stunden genau, das ist eine halbe Schicht. Unvorhergesehenes passiert immer: Die Druckdaten liegen zu spät vor oder der Kunde hat unsauber gearbeitet. Eine Maschine fällt aus und kann nicht schnell genug wieder zum Laufen gebracht werden. Jeder Plan ist immer nur vorläufig sicher – und wird permanent angepasst.

Drittens: Die negativen Folgen von Fehlern werden minimiert. Denn bei den ersten Anzeichen, dass etwas nicht so läuft wie gewünscht, heißt es nicht »Augen zu und durch« oder »mehr vom selben wird schon wirken«. Sondern die Mitarbeiter können rasch ihre Vorgehensweise anpassen. Häufig noch bevor durch den Fehler ein echter Schaden entstanden ist. Auf jeden Fall machen sie denselben Fehler nicht zum zweiten Mal, nur weil es im Plan so vorgesehen ist. Flexibilität in der Planung schützt so das Image des Unternehmens, spart Kosten und Zeitaufwand.

Klare strategische Ziele, enge Verknüpfung der verschiedenen Planungsebenen und Flexibilität bei der Umsetzung der Pläne: Diese Kombination halten wir für unschlagbar. Sie ist einer der Faktoren, die aus guten Unternehmen Champions machen! Denn sie macht sie unschlagbar schnell.

Dagegen bekommen wir einen allergischen Schock, wenn wir sehen, dass Unternehmer offenbar nur um des Planens willen planen. Jährlicher Planungsworkshop: erledigt, Haken dran. Hochglanzbroschüre: auch erledigt, Haken dran. Umsatzvorschauen, Marktprognosen, Prozessoptimierung: ganz viele Haken. Punkt für Punkt der Management-Literatur wird erfüllt, und das Führungspersonal wiegt sich im guten Gefühle, seine Pflicht getan zu haben. Schließlich steuert es das Unternehmen sicher und nach allen Regeln der Kunst.

Unternehmerische Spitzenleistung sieht anders aus! Uns fehlt da der Mut, das Feuer. Denn mal ehrlich: Wieviel Mittelmäßiges wird da tagein tagaus geplant? Unternehmensstrategien dürfen und sollen ein bisschen verrückt sein, finden wir. Die meisten Menschen überschätzen, was sie an einem Tag schaffen können und unterschätzen, wieviel sie in drei Jahren erreichen können. Also braucht es kühne Visionen!

> Wieviel mittelmäßiges wird da tagein tagaus geplant?

Moment mal. Reden wir nicht das ganze Kapitel darüber, dass die tollste Strategie nichts bringt, wenn sie nicht auch umgesetzt wird? Ist es da nicht widersinnig, Strategien zu entwickeln, von denen man bereits im Voraus weiß, dass sie nur unter glücklichen Umständen zu verwirklichen sind?

Natürlich müssen sich Pläne am Machbaren orientieren – nämlich die taktische und operative Planung. Das daily business und die Route zum Ziel. Aber die strategische Planung, das Fernziel, der Leitstern, sollte groß sein! Sie sollte Begeisterung wecken! Denn nur wer das Unmögliche anstrebt, kann das Mögliche erreichen.

Und das Mögliche, das heißt in diesem Fall: Großartige Ziele werden erreicht, weil sie jedem Mitarbeiter eindeutig klar sind. Der Plan wird zur Wirklichkeit, nicht obwohl, sondern gerade weil ihm nicht stur bis ins letzte Detail gefolgt wird. Das Ziel wird rasch erreicht, weil der Weg dorthin jederzeit angepasst werden kann.

Aber wenn die Mitarbeiter je nach Tagesbedarf ihren Plan und ihre Vorgehensweise ändern – was wird dann aus Prozesshandbüchern? Was wird aus den ISO-Normen? Kurz: Wie soll sinnvolles Qualitätsmanagement noch möglich sein, wenn nur grob geplant wird?

- Planung ist wichtig. Aber nicht mit der Realität zu verwechseln.

- Je detaillierter ein Plan ist, desto eher schießt er an der Realität vorbei.

- Unternehmensstrategie ist weit mehr als eine wohlklingende Imagekundgebung.

- Ohne Kennzahlen keine strategische Planung.

- Wenn Strategie und Taktik verwechselt werden, kann es böse enden.

3 Der Fluch der letzten 5 Prozent

Das Einchecken in unserem Urlaubsdomizil in Donaueschingen dauert keine 30 Sekunden. Es läuft wie am Schnürchen. Wie bei der Buchung. Die Bestätigung war bereits zwei Minuten später in unserem E-Mail-Postfach. Und rechtzeitig vor der Anreise kam eine Erinnerung an den Termin mit allen wichtigen Informationen. Super!

Freundlich und reibungslos geht es nach dem Check-in weiter: Ohne Aufforderung wird das Gepäck auf die Zimmer gebracht. Und beim Zimmerrundgang erfahren wir, dass die Minibar inklusive ist. Was für ein Service! Wer nachts aufwacht, muss nicht darüber nachdenken, ob er sich ein Perrier aus dem Kühlschrank oder ein Glas Leitungswasser holt. Diese Liebe zum Detail begegnet uns überall: indirekte Beleuchtung, ein tolles Raumbeduftungskonzept im Bad, geschmackvoll gestaltete Zimmer und ein Spa, das keine Wünsche offen lässt. Alles in allem ein außergewöhnliches Erlebnis für die Sinne, das uns beeindruckt.

Szenenwechsel: Wir sitzen in unserem Auto, und eine rote Warnlampe leuchtet auf. Der Blick ins Handbuch zeigt, dass mit dem Motor etwas nicht in Ordnung ist. Da dort keine konkreten Hinweise zu finden sind, der Motor aber noch läuft, rufen wir in der Werkstatt an. Auch dort kann man uns keine Auskunft geben – außer, dass wir vorbeikommen müssen. Na toll!

Dort angekommen, erfahren wir, dass der Wagen erst mal an den Computer angeschlossen werden muss, um den Fehlerspeicher auszulesen. Das könne dauern. Niemand erklärt uns, wie lange, niemand bringt uns einen Kaffee oder organisiert einen Ersatzwagen. Okay, dann bestellen wir uns halt selbst ein Taxi. Da keiner von sich aus anbietet, uns anzurufen, wenn unser Auto wieder startklar ist oder uns Informationen gibt, wie lange das Procedere dauern könnte, fragen wir nach. Die Antwort: »Wir rufen Sie dann an.« Enttäuschend! Am Abend erhalten wir den Anruf und erfahren, dass unser Wagen noch einen Tag in der Werkstatt bleiben muss. Hier kommt nur die lapidare Nachfrage, ob das für uns ein Problem wäre ...

Zwei Erlebnisse, die unterschiedlicher kaum sein können. Was meinen Sie, welcher der beiden Anbieter sich »höchste Qualität« auf die Fahnen schreibt? Das Hotel? Falsch: Der Autohersteller.

Da wir ungefähr so viele Wochenstunden im Auto verbringen, wie ein Vollzeit-Mitarbeiter im Büro, ist uns Komfort auf unserem mobilen Bürostuhl extrem wichtig. Also fahren wir nicht irgendwelche Kutschen, sondern Premiumprodukte. Dass wir an allen Merkmalen dieser Fahrzeuge, von Lärmdämmung und Verarbeitung über Fahrgenuss und Bequemlichkeit bis hin zum Kundenservice, höchste Ansprüche haben, ist bei einem Produkt dieser Klasse klar. Interessanterweise schafft es aber ein »ganz normales« Hotel, einen um ein Vielfaches besseren Eindruck zu hinterlassen als der »Premiumhersteller«. Beim Hotel denken wir wirklich »Wow, das war höchste Qualität!« Bei der Autoreparatur: »Und dafür haben wir so viel bezahlt?«

Ein Unternehmen, das sich Top-Qualität auf die Fahne schreibt, schafft es mit links, sich in Sachen Qualität zu disqualifizieren. Und ein Unternehmen, das eher bescheiden daherkommt, schafft es, ebenfalls mit links, die Kundenerwartungen um ein Vielfaches zu übertreffen. Wie, bitteschön, passt das zusammen?

Um diese Frage zu beantworten, müssen wir schauen, was Qualität überhaupt bedeutet. Also: Was genau ist das Zauberwort?

Im allgemeinen Sprachgebrauch sicherlich das Gegenteil von Quantität. Der Begriff bezeichnet die Güte, die positiven Eigenschaften eines Produktes oder einer Dienstleistung. Bedeutet es aber, dass qualitativ hochwertige Produkte nicht in großen Mengen produziert werden können? Natürlich nicht. Und bedeutet es, dass ein Produkt, dass alle gängigen Tests mit Bravour bestanden hat, das in allen technischen Details so ausgetüftelt ist, dass man dem nichts mehr hinzufügen kann – also ein Produkt wie unser Auto – automatisch höchste Qualität bietet? Na offensichtlich nicht. Zumindest nicht immer und nicht automatisch. Was bedeutet also dieser schillernde Begriff?

Fragt man Wirtschaftstheoretiker, gibt es unterschiedliche Auffassungen: Für Philip Crosby ist es, grob zusammengefasst, das Null-Fehler-Prinzip, für David A. Garvin gibt es das »transzendente«, das »produktbezogene«, das »kundenbezogene« und das »wertorientierte« Qualitätsverständnis.

Vermutlich gibt es so viele Definitionen des Begriffs wie Menschen, die versuchen, ihn zu definieren. Doch letztlich zählt nur eins: Was der Kunde unter Qualität versteht. Denn *er* muss schließlich kaufen. Und er wird nur dann Geld ausgeben, wenn er der Meinung ist, dass er dafür auch die gewünschte Gegenleistung – mit anderen Worten: die gewünschte Qualität – bekommt.

Macht das die Sache leichter?

Ja?

Glauben Sie?

Na, freuen Sie sich nicht zu früh. Denn Kunde ist nicht gleich Kunde. Für die einen ist Qualität, zum Beispiel bei Lebensmitteln, nur die Tomate, die ein Bio-Siegel trägt. Für andere nur die Schokolade, die mit dem »Fair Trade«-Aufkleber das Gewissen reinigt. Und wieder andere schwören auf den Supermarkt um die Ecke – nach dem Motto: »Was habt ihr denn? Die haben doch beste Qualitätsware.« Für manche Menschen ist Discounter-Qualität optimal, andere geben grundsätzlich außer für »Luxus« oder »Premium« keinen Cent aus.

Keine Frage, Qualität ist eine verdammt subjektive Angelegenheit. Und dennoch lassen sich die unterschiedlichen Auffassungen auf einen Nenner bringen.

Kundenwünsche

Stellen Sie sich vor, Ihr Grafiker schickt Ihnen zwei Layout-Entwürfe für ein Magazin, mit der Frage, welcher Ihnen eher zusagt. Sie machen beide Dokumente auf und … gucken. Und gucken. Und gucken.

Und gucken immer noch.

Und fragen sich: Habe ich die gleiche Datei zweimal geöffnet? Wo ist denn da der Unterschied?

Unsere Überzeugung ist: In dem Moment, wo ein Anbieter sein Produkt erklären muss, ist es gefloppt. Wenn ein Grafiker an Feinheiten tüftelt, die der Kunde gar nicht wahrnimmt, dann sind diese Feinheiten für den Kunden schlicht nicht relevant. Mit anderen Worten: Der Grafiker gibt Energie und der Kunde Geld aus für eine Qualität, die der Kunde einfach nicht braucht. Was für eine maßlose Verschwendung für eine Verbesserung, die später nicht wertgeschätzt und vielleicht nicht einmal wahrgenommen wird.

> Qualität ist das, was der Kunde als Mehrwert anerkennt, und wofür er bereit ist, zu bezahlen

Im Umkehrschluss bedeutet das: Qualität ist das, was der Kunde als Mehrwert anerkennt, und wofür er bereit ist, zu bezahlen. Und nicht die Feinheiten, in die Fachexperten sich reinhängen, um gegenüber anderer Fachexperten zu glänzen. Oder um ihre Wettbewerber zu übertreffen.

Als wir neulich unsere Website überarbeiten wollten, haben wir gemeinsam überlegt, welchen Webdesigner wir anfragen. Nach 30 Sekunden war klar: Jochens Vater! Nein, er ist kein Designer, sondern Hobbyinformatiker. Und genau das war der Grund, warum wir ihn gefragt haben. Was passiert nämlich, wenn Sie Experten anfragen? Mit leichten Variationen ungefähr das hier:

Kunde: Geht das nicht einfacher?

Experte: Nein.

Kunde: Warum?

Experte: Weil man das so nicht macht!

Keine Frage, Experten wissen Bescheid. Doch leider auch über Dinge, die zwar nett aber nicht immer nötig sind. Die eigenen Ambitionen sind ihnen manchmal wichtiger als der Kundenwunsch.

Unsere Website zum Beispiel ist sehr schlicht gehalten, keine komplexe Verwaltung dahinter, ein kleiner Blog, einfache Bedienung, das war's und es funktioniert. Jochens Vater hat sich in Eigenregie Typo 3 beigebracht und uns zwei, drei Homepages gebaut. Die sehen gut aus, sind suchmaschinenoptimiert und funktionieren hervorragend. Wenn jetzt ein gelernter Programmierer auf den Code guckt, dann schlägt der mit Sicherheit die Hände über dem Kopf zusammen und sagt: Was ist da denn passiert? Mit Sicherheit verstößt das gegen die Berufsethik. Das ist uns als Kunden allerdings ziemlich wurscht.

Was uns interessiert: Es funktioniert und sieht gut aus! Für etwas anderes wollen wir gar nicht zahlen. Doch leider machen sich zu wenige Unternehmen diesen einfachen Kundenwunsch bewusst. Und unterliegen zwangsläufig dem Fluch der letzten fünf Prozent.

König Kunde und die Perfektion

Als 2001 der 7er BMW mit dem »iDrive« auf dem Markt kam, herrschte in der Werbung der große Hype. Das Bedienkonzept für das Infotainment-System wurde angepriesen wie kaltes Wasser in der Sahara: Ein einziger Knopf, der »iDrive-Controller«, und mehrere Schnellwahltasten würden über ein großes LC-Display in der Mitte des Armaturenbretts alle Komfortfunktionen – vor allem Navigations-, Telekommunikations-, Audio- und Fahrwerkseinstellungen – steuern.

Die tolle Idee dahinter: Reduktion von Bedienknöpfen und Reglern bei gleichzeitiger Erhöhung der Funktionsvielfalt. Und die kann sich wirklich sehen lassen: Sage und schreibe 700 Funktionen integriert die Steuerung. Soweit die Technik.

Und in der Praxis? Was meinen Sie, wie viele von diesen 700 Funktionen der durchschnittliche BMW 7er-Fahrer nutzt?

500?

300?

100?

Nein, es sind 20.

Das muss man sich mal vor Augen halten: 20 von 700!

Der durchschnittliche Autofahrer nutzt also die ganzen Funktionen, zu denen der iDrive den Zugang erleichtert, nicht im Entferntesten. Sehr wahrscheinlich, weil das Tool schlichtweg zu kompliziert und zu verwirrend ist. Und vermutlich auch deshalb, weil der Autofahrer sich ganz nebenbei auch noch auf den Verkehr konzentrieren möchte. Möglicherweise wäre ein BMW-Kunde also bereits mit 100 Funktionen mehr als zufrieden gewesen; sie hätten seinem Bedürfnis nach Qualität voll und ganz entsprochen; er hätte immer noch eine große Auswahl gehabt. Mit 700 Funktionen ist es nun nicht ganz unwahrscheinlich, dass der Kunde die Vielfalt nicht nur nicht mehr als Qualität, sondern schlichtweg als belastend bis unsinnig wahrnimmt.

Warum steuern also Unternehmen mit ihren Vorstellungen von Qualität so dermaßen an denen der Kunden vorbei?

Es gilt in Unternehmen die Maxime: »Für den Kunden nur das Beste.« Oder: »Der Kunde ist König.« Doch wer definiert, was das Beste für den Kunden tatsächlich ist? Unternehmen haben da ihre ganz eigene Perspektive, die sich danach richtet, welche Stimme am meisten Gewicht hat. Für den Marketingexperten mag perfekt sein, was dem Produkt ein Alleinstellungsmerkmal verleiht. Für den Techniker, was technisch nicht weiter ausgereizt, verfeinert werden kann. Wie beim »iDrive«. Dieses ausgeklügelte Steuerungstool kann nur die Idee von Ingenieuren gewesen sein, die sich bis über beide Ohren in ihre Erfindung und die technische Machbarkeit verliebt haben. Und genau damit unterliegen Unternehmen dem Fluch der letzten 5 Prozent.

Nach dem Paretoprinzip benötigen wir 20 Prozent Einsatz, um 80 Prozent meiner Aufgabe zu erledigen; 80 Prozent Einsatz wiederum benötigen wir, um die letzten 20 Prozent zu erledigen. Da wir in Deutschland generell einen hohen Anspruch an Qualität haben, ist es für Unternehmen sinnvoll auf 95 Prozent Erledigung einer Aufgabe zu setzen. Aber auf die letzten fünf Prozent können wir auch in Deutschland verzichten. Wollte ein Unternehmen selbst die letzten fünf Prozent bewältigen, stünde die Lieferung in keinem Verhältnis mehr zum Kundennutzen.

Verstehen Sie uns bitte richtig: Die »Da geht noch mehr!«-Haltung ist auch aus unserer Sicht im Business gut und wichtig: Anspruchsvoll sein, nicht zu schnell aufgeben, hinterfragen, ob das Ergebnis ausreicht und ob die Beteiligten wirklich ihr Bestes gegeben haben, ist fraglos nötig, um ein Bewusstsein für Qualität und neue Ideen zu entwickeln.

Diese Haltung kann aber eben auch kippen. Wenn der Aufwand für das letzte Quäntchen Qualität in keinem Verhältnis mehr zu seinem Mehrwert steht. Mit der Folge: Dem Kunden fällt die Verbesserung gar nicht auf, und er ist natürlich nicht bereit, dafür zu zahlen.

Wer Produktqualität zum obersten Prinzip erklärt, läuft Gefahr, die Beziehung zum Kunden aus den Augen zu verlieren.

Wir sind deshalb überzeugt: Wenn Unternehmer und Mitarbeiter Produktqualität zum obersten Prinzip erklären, besteht die Gefahr, dass sie den Kunden aus den Augen verlieren. Wer nämlich Qualität in dem Sinne definiert, auch die letzten 5 Prozent noch zu meistern, bastelt an den Wünschen des Kunden nach Qualität vorbei. Denn das Konzept des

Kunden ist einfach: Funktionalität und Design müssen stimmen. Ebenso der Service und die Kundenorientierung. Nicht weniger, aber eben auch nicht mehr!

Das Problem vieler Unternehmen ist heute jedoch: Sie setzen oft deutlich mehr Energie in die Produktqualität als die Kunden brauchen, und deutlich weniger Energie in den Service als die Kunden erwarten. Am eindrucksvollsten ist dieser Klassiker:

Sie fragen bei drei Handwerkern an, weil Sie Ihre Garage streichen lassen wollen. Was passiert?

Nichts!

Keiner ruft an und sagt: »Ich hab im Moment viel zu tun. Das Angebot kommt nächsten Montag. Reicht es Ihnen, wenn ich Ihre Garage in drei Wochen streiche?« Die meisten Kunden könnten locker damit leben, wenn ihr Wunsch etwas später erfüllt wird. Womit aber niemand leben kann, ist, keine Rückmeldung zu bekommen. Wer noch nicht mal eine Antwort schickt, wenn man ihn lediglich mit einer Anfrage konfrontiert, bekommt den Auftrag mit Sicherheit nicht.

Also: Kunden wollen einfach nur ein gutes Preis-Leistungsverhältnis – und zwar bezogen auf Optik, Funktionalität und Service. Das war's.

Von dieser Regel gibt es eine einzige Ausnahme: den Luxusbereich. Wenn der Scheich von Dubai in Zuffenhausen sein Porsche bestellt und vom Tuning-Spezialisten veredeln lässt, dann dauert es durchaus ein Jahr, bis der Flitzer so aussieht, wie der Scheich ihn haben will: verschiedene Lederarten, unterschiedliche Farbigkeit, Goldausstattung, eingravierte Leisten, etc. Allerdings werden Scheichs während dieses Jahres in kurzen Abständen über den Fortschritt der Arbeiten auf dem Laufenden gehalten. Sie können sich den Fortschritt auch mehrmals ansehen. Und obwohl die Produktion in Summe lange dauert, hat der Kunde gefühlt einen tollen Service: Denn er ist immer auf dem aktuellen Stand.

Zweifellos kommt der Qualitätsbegriff eines Käufers von Luxusprodukten dem eines Experten am nächsten. Aber der Luxusgüterbereich ist nur eine Nische für ganz Wenige. Karl Lagerfeld hat mal treffend über die exklusive Modeszene gesagt: »Im Grunde machen wir ein

Produkt, das keiner braucht. Man muss es aber hinkriegen, dass Leute trotzdem bereit sind, sich dafür zu ruinieren.«

Doch woran erkennen Unternehmen, ob sie dem Fluch der letzten 5 Prozent erliegen? Einen Hinweis liefert eines der berüchtigtsten Bauprojekte der letzten Jahre …

Dem Fluch erlegen

… die Hamburger Elbphilharmonie. Dieses Bauprojekt zeigt, was passiert, wenn der eigene Anspruch zum Hindernis wird. Dort ist mit Sicherheit viel Missmanagement im Spiel. Aber vor allem das Problem, es immer besser und perfekter machen zu wollen. Hier noch ein Wunsch nachträglich, dort noch eine Verschönerung. Wenn der ursprüngliche Plan immer wieder umgeworfen wird, erhöhen sich die Kosten rasch – in diesem Fall von geplanten 77 Millionen auf 789 Millionen Euro. Das können wir auch bei kleineren Bauprojekten sehen.

Dass ein Unternehmen dem Fluch der letzten 5 Prozent erliegt, äußert sich darin, dass vorgegebene Deadlines nicht eingehalten werden. Was wiederum dazu führt, dass berechnete Budgets überstrapaziert werden. Einfach deshalb, weil man sich in Details, Extraoptionen verliert, die am Ende gar keine Rolle mehr spielen und für den Kunden völlig irrelevant sind. Dafür geraten jedoch andere wichtige Aufgaben oder Projekte völlig aus dem Blickwinkel, stauen sich an und werden gar nicht erst angefangen.

Druckereien, die den Umstieg auf Digitaldruck verschlafen haben, das Versandhaus Quelle, das bestimmt einwandfreie Logistikprozesse hatte, aber den Wechsel vom Katalog zum Web verpasst hat, sind Beispiele für Unternehmen, bei denen ein falscher Qualitätsanspruch die Sicht fürs Wesentliche verbaut hat.

Ein anderer Fall: Der Anspruch an Qualität ist hoch und kann im Marketing noch abgebildet werden, in der Umsetzung der Produkte aber nicht. Dann weckt die Werbung beim Kunden eine Erwartung, die das Unternehmen nicht halten kann. Beim Kunden bleibt dann nur noch der schlechte Eindruck und die Aussage: »Das wurde ganz anders versprochen.«

Selbst im Luxussegment kann sich der Fluch der letzten 5 Prozent breitmachen. Der letzte Maybach verließ am 17. Dezember 2012 die Maybach-Manufaktur im Daimler-Werk Sindelfingen. Ein extrem hoher Anspruch gepaart mit hohen Investitionen für Feinheiten. Die Folge: ein extrem teures Auto. Dennoch ein Flop, der Luxus hat hier nicht funktioniert. Wenig Innovation bei der Technik, zu viel Luxus in der Ausstattung.

Auch maximaler Service kann nerven! Stichwort E-Mail-Flut: Wir setzen seit einigen Wochen ein neues Softwareprodukt ein, von dem wir nur einen kleinen Teil nutzen. Seitdem bekommen wir ständig neue Informations-E-Mails für umfangreiche Software-Updates. Keine Vorselektion! Völlige Verschwendung! Wenn wir den Absender dieser E-Mails nur sehen, kriegen wir schon einen Hals.

Überall, wo Perfektionisten am Werk sind, ist Vorsicht geboten: Sie binden Schleifchen, die eigentlich keiner braucht – außer der Perfektionist selbst. Deshalb sehen wir es etwas differenzierter: Wir finden, es ist hervorragend, nach Perfektion zu streben – aber tödlich, den Anspruch zu haben, Perfektion zu erreichen.

> Es ist hervorragend nach Perfektion zu streben, jedoch tödlich den Anspruch zu haben, Perfektion tatsächlich zu erreichen.

Das gilt nicht nur für Herstellung von Produkten und Bereitstellung von Dienstleistungen, sondern auch – und vor allem – für die Qualitätskontrolle!

KVP, ISO & Co.

Macht es Sinn, Dokumente zwanzig Mal zu prüfen, um auch noch den letzten Tippfehler zu identifizieren? Ja? Okay, Ausnahmen bestätigen die Regel: Wenn man ein Buch schreibt, macht es Sinn. Haben wir auch gemacht – allerdings ohne Gewähr!

Allerdings stellt sich in der Wirtschaft schon die Frage, ob die x-te Überprüfung überhaupt noch sinnvoll ist. Doch es herrscht das Credo: »Wir müssen nur unsere Prozesse optimieren und die Qualität unserer Produkte verbessern, dann ist alles gut.« Was konkret bedeutet: Qualitätsmanagement steht hoch im Kurs!

Ja, und das ist okay. Wir möchten es nicht schlecht reden! Qualitätsmanagement hat seinen Sinn und bereits viel bewirkt. So haben wir heute Institutionen samt Standards wie die »Internationale Organisation für Normung« (ISO) oder die »European Foundation for Quality Management« (EFQM), die ohne die Entwicklung des Qualitätsmanagements nicht denkbar wären.

Die Ursprünge des Total-Quality-Management (TQM), des Lean-Management und des Kontinuierlichen Verbesserungsprozesses (KVP) liegen im japanischen Kaizen, das im Rahmen der Qualitätsbewegungen in den 1950er Jahren von dem Amerikaner W. E. Deming in Japan entwickelt wurde. Vor allem Toyota lebte diese Philosophie ausgeprägt und erfolgreich. In den 1990er begann in Deutschland die Automobilindustrie KVP in der Fertigung und Montage einzusetzen. Anschließend fand KVP in allen Arbeits- und Wirtschaftsbereichen Verbreitung. Es entwickelte sich zum Merkmal mitarbeiter- und beteiligungsorientierter Unternehmenskultur. Viele Unternehmen haben seitdem KVP-Teams eingerichtet, in denen die Mitarbeiter regelmäßig Verbesserungspotenziale aufspüren und Pläne zur Umsetzung machen.

Grundsätzlich sind das wichtige Entwicklungen. Doch auch beim Qualitätsmanagement kann Unternehmen der Fluch der letzten 5 Prozent ereilen. Ziel beim TQM ist zum Beispiel die Null-Fehler-Marke. Null-Fehlertoleranz! Klingt toll! Ist aber brandgefährlich, denn damit meinen Unternehmen sich in Sicherheit wiegen zu können, obwohl es eine solche absolute Sicherheit gar nicht gibt! Was sich auch zeigt: Trotz zeitintensiver Verfahren passieren auch in diesen Firmen gravierende Fehler. Gutes Beispiel dafür ist die General Motors Company. Die CEO Mary Barra musste sich im Frühjahr 2014 für eine Rückrufaktion rechtfertigen: defekte Zündschlösser!

Verstehen Sie uns nicht falsch: ISO-Zertifizierung ist wichtig, sorgt dafür, dass es Qualitätsstandards in einem Unternehmen gibt und sichert die Basisqualität. Unternehmen, die sich mit ISO beschäftigen, haben sich auf jeden Fall schon einmal Gedanken über Qualität gemacht und sorgen dafür, dass es bestimmte Abläufe und Prozesse gibt. Soweit so gut. Doch nur weil Sie ein ISO-Handbuch haben und ISO-zertifiziert sind, heißt das noch lange nicht, dass Sie zu den Besten gehören! Dass Sie jedoch mehr Zeit mit der Qualitätsüberwachung verbringen als diejenigen, die nicht diese Maßnahmen ergreifen, schon. Deshalb lohnt sich ein Blick auf die Blüten, die das Qualitätsmanagement mancherorts treibt.

Stellen Sie sich ein Unternehmen vor, dass auf dem Flur für alle Mitarbeiter einen Kühlschrank mit Kaltgetränken und Snacks bereitstellt. Jeder Mitarbeiter kann sich dort frei bedienen. Ein Motivationsfaktor, der gerne genutzt wird und schon so manch kritischen Tag im Büro gerettet hat. Dieser Kühlschrank darf dort aber laut der internen Qualitätsrichtlinien aus Brandschutzgründen gar nicht stehen. Nun passiert Folgendes: Die Qualitätsmanager haben sich eine Checkliste angelegt, was vor dem Audit alles bedacht werden muss. Darauf steht: »Kühlschrank auf dem Flur entfernen und nach dem Audit wieder aufstellen.«

Eine andere Kuriosität: Es gibt Chefs, die ihre ganz eigenen Vorstellungen haben. Die Mitarbeiter sollen sich zwar am Arbeitsplatz wohlfühlen, aber es darf zum Beispiel keine internen Geburtstagsfeiern geben. Die sind vom Chef persönlich offiziell abgeschafft worden. Und dann kommen Sie in das Unternehmen und sehen auf dem Flur Happy-Birthday-Girlanden hängen. Wie ist das möglich? Ganz einfach, der Chef ist im Urlaub.

Unsere Erfahrung ist, dass Qualitätsmanagement viel Zeit kostet, größtenteils jedoch nur auf dem Papier stattfindet. Es gibt tolle Handbücher und noch bessere Servicestandards. Und was passiert dann? Irgendwann wird klar, dass die Mitarbeiter die Qualität gar nicht leben. Die Teams werden wieder und wieder auf das Thema eingeschworen, gleichzeitig aber die Qualitätsansprüche an der einen oder anderen Stelle gesenkt, damit das operative Tagesgeschäft nicht blockiert wird. Und dann heißt es: Achtung Audit! Die Qualitätshandbücher werden gewälzt, alle haben wahnsinnig viel zu tun und stehen unter Stress. Ein Qualitätsmanagement-Teufelskreis, der uns in der Wirtschaft immer wieder begegnet. Nüchtern betrachtet pendeln sich Anspruch und Wirklichkeit irgendwann ein. Vor dem Audit werden alle Dokumentationen noch einmal auf Vordermann gebracht, und das Audit oft sogar mit Bravur gemeistert.

Wenn Qualitätsmanagement nicht gelingt, dann degeneriert der Ansatz zu einem bürokratischen Papiertiger. Doch letztlich verkommt Qualitätsmanagement zu einem Zyklus aus Überwachungsaudits, Zertifizierungen, Alltag und Re-Zertifizierungen. Schlimmstenfalls führen Verbesserung und Qualitätsmanagement zu einer Bürokratie ohne Ende, mit kaum spürbarer Wirkung. Wenn Qualitätsmanagement nicht gelingt, degeneriert der Ansatz zu einem bürokratischen Papiertiger. ISO verkommt zu einer Abkürzung für »Idioten sammeln Ordner«.

Ob nun beim Qualitätsmanagement, der Herstellung von Produkten oder Dienstleistungen: Über allem lauert der Fluch der letzten fünf Prozent, der schlicht eine Perfektionierungsfalle darstellt: Einzelne Schritte oder Prozesse werden immer besser oder effizienter ausgestaltet – auf Kosten der Effizienz des großen Ganzen.

Das Wesentliche im Blick

Wer also Qualität liefern möchte, ohne dem Fluch der letzten 5 Prozent zu unterliegen, braucht Konzentration auf das Wesentliche. Auf das, was dem Kunden wichtig ist. Und ganz oft spielen Produkt-Features nur eine untergeordnete Rolle.

Wir empfehlen: Wechseln Sie die Perspektive! Betrachten Sie Ihre Produkte aus Sicht des Kunden! Lassen Sie Ihre Produkte testen! Kundenbefragungen können zwar nicht alles leisten, aber sie sind absolut notwendig. Zusätzlich können Sie auch Benchmarks verwenden. Woher sollten Sie sonst wissen, was sich Ihre Kunden wünschen?

Sie können auch die Kunden befragen, die noch nicht bei Ihnen kaufen. Indem Sie sich externe Daten besorgen – zum Beispiel über ein Marktforschungsinstitut wie die GfK. Oder Sie fragen Ihre Kunden: Warum habt Ihr vorher noch nicht bei uns gekauft? Beziehen Sie Ihre Kunden überall da ein, wo es geht. Seien Sie aufmerksam, beobachten Sie Ihre Kunden. Häufig sind das Informationen, die sie Ihnen aktiv gar nicht geben können. Und doch helfen sie Ihnen dabei, zu justieren und sich den Ansprüchen der Kunden zu nähern.

Sinnvoll ist es auch in andere Branchen zu gucken. Was ist dem Kunden dort wichtig? Wir schauen uns zum Beispiel im E-Commerce um,

Wenn allerdings der Vorstand nicht hinter dem Qualitätsdenken steht, ist es unmöglich, dass die Mitarbeiter dahinter stehen und den Ansatz leben. Die Führungskräfte müssen führen, fördern und übersetzen: Was heißt Qualität für die Buchhaltung, für die Personalabteilung, für das Marketing? Dann können die Mitarbeiter in den unterschiedlichen Abteilungen die allgemeinen Grundsätze konkret umsetzen.

EFQM-Modell der Business Excellence

Als wir das erste Mal ISO-zertifiziert waren, haben wir das mit stolz geschwellter Brust überall verkündet. Bis wir von einem anderen Unternehmer ausgebremst wurden, der sagte: »Na ja, zum Thema Qualität haben Sie jetzt den Moped-Führerschein. Wenn Sie wirklich Qualität wollen, müssen Sie noch einen Ticken mehr machen. Beschäftigen Sie sich mal mit dem EFQM-Modell. Das strebt nach Spitzenleistung im Unternehmen und nach echter Exzellenz.« Autsch, das saß!

ISO-zertifiziert wird nämlich bereits derjenige, der Richtlinien selbst aufstellt und diese befolgt. Egal, ob diese Richtlinien nun sinnvoll sind oder nicht!

Die European Foundation for Quality Management (EFQM) hinterfragt hingegen mit ihrem EFQM-Modell auch die Qualität des gesamten Unternehmensprozesses, indem sie überprüft, ob Mission und Vision in allen Unternehmensebenen umgesetzt werden: Führung, Strategie, Mitarbeiter, Kunden, Prozesse, Umwelt – kurzum: Es geht um alles! Und es geht darum, ob alles exzellent ist! Dieses Modell schafft Stabilität und Nachhaltigkeit – ganz ohne den Fluch der letzten 5 Prozent. Der Ludwig-Erhard-Preis wird an Unternehmen verliehen, die den EFQM-Ansatz verfolgen. Wie die Untersuchung eines von Jochens Studenten so treffend zeigt, ist in den letzten 10 Jahren noch kein Gewinner dieses Preises insolvent gegangen. Wohl auch deshalb, weil die herausragenden Unternehmen mit 700 – 800 Punkten von 1000 möglichen die Auszeichnung erhalten.

Bevor wir es vergessen: Es gibt noch etwas, worauf wir schwören, wenn es darum geht, Qualität zu leben und keine Energie in Verbesserungen zu stecken, die der Kunde nicht braucht oder gar nicht wertschätzt: Die konsequente Anwendung des Pareto-Prinzips. Was wir darunter verstehen, gilt vor allem für Führungskräfte: Was mache ich? Was delegiere ich? Was lasse ich sein? Kommt das Pareto-Prinzip zur Anwendung, gibt es keine halbfertigen Aufgaben. Ist die Entscheidung gefallen, eine Aufgabe zu übernehmen, wird sie erledigt und zwar sofort und vollständig. Sollte sie sofort nicht funktionieren, dann bekommt sie einen Termin. Und Termine sind verbindlich! Die Führungskraft braucht, um diese Entscheidung treffen zu können, absolute Zielklarheit. Bin ich mir meiner Ziele bewusst, weiß ich schnell, ob eine anstehende Aufgabe mir dabei hilft meine Ziele zu erreichen oder nicht. Im Grunde ist es banal, dennoch bedarf es Konsequenz und Selbstdisziplin, um das durchzuhalten. Das Fatale daran ist nur, dass Sie das nicht erreichen, wenn Sie Führungskräfteseminare besuchen und Ratgeber zur Überwindung des inneren Schweinehunds lesen. Es gibt nur einen Weg. Und den kannte schon Goethe: »Es ist nicht genug, zu wissen, man muss auch anwenden. Es ist nicht genug, zu wollen – man muss auch tun.«

- Top-Qualität ist nicht der feine Unterschied, der nur Experten auffällt. Top-Qualität ist das, wofür der Kunde bereit ist, zu bezahlen.

- Den Eigenanspruch ans Produkt über die Kundenwünsche zu stellen ist ein großer Fehler.

- Es ist hervorragend nach Perfektion zu streben, aber tödlich den Anspruch zu haben, Perfektion zu erreichen.

- Qualität entsteht durch die Konzentration auf das Wesentliche.

4 Der Honig und die Pille

Der Klettergarten ist ausgebucht. Alle hängen gemeinsam in den Seilen – der Vertriebler neben dem Controller, die Personalerin neben der Marketingleiterin. Und wenn's gut läuft, ist auch der Chef mit von der Partie. Was ist da los? Warum klettern erwachsene Menschen in Klettergärten herum, schlüpfen in Kostüme oder spielen »Mensch-Ärgere-Dich-Nicht«? Weil sie alle von einer Idee beseelt sind. Der Teamidee!

Alle für einen, einer für alle: Ob im Seilgarten oder im Drachenboot, die Unternehmen ziehen scharenweise in den Team-Feldzug. Sie wollen ihre Mannschaft zusammenschweißen. Alle sollen an einem Strang ziehen. Und natürlich sitzen alle in einem Boot. Management-Vordenker fordern flache Hierarchien und die Arbeit in Projekten. Die Zusammenarbeit in lockeren kreativen Teams schlägt die Arbeit in starren Abteilungsstrukturen. Egal, welchen Management-Guru Sie fragen: Teamarbeit gilt als *das* Erfolgsprinzip der heutigen Zeit! Und so wird Teamfähigkeit auch gebetsmühlenartig in jeder Stellenanzeige gefordert. Einzelkämpfertum war gestern.

Wir meinen: zu Recht. Denn ein einzelner Mitarbeiter kann heute kaum noch etwas bewirken. Unternehmen sind an mehreren Standorten tätig, Hochtechnologie fordert Spezialisten, die Produktion ist in zig Abläufe und Prozessschritte zersplittert. Keiner kann mehr alleine überblicken, welches Teil wann und wo auf welche Maschine gehört und zugleich beurteilen, ob Schulze im Einkauf jetzt 100 oder 150 Pumpenköpfe bestellen sollte. Und ob sie nun schwarz oder grau sein sollten.

Und das ist nur die Situation innerhalb der Unternehmensgrenzen. Ein Schritt vor die Tür und die Komplexität wird noch höher. Um diese bei der Arbeit zu berücksichtigen würde nicht einmal ein Superhirn reichen, das in einer Schaltzentrale Hunderte von Bildschirmen überwacht und Entscheidungen trifft. Nein, wir kommen um gut vernetzte Mitarbeiter nicht herum. Und die müssen mindestens zweierlei leisten: ihr Aufgabengebiet im Griff haben *und* mit anderen Mitarbeitern produktiv zusammenarbeiten.

Dass Einzelkämpfertum ausgedient hat, wird heute kaum jemand ernsthaft bestreiten wollen. Die Frage ist nur, wie sich die Zusammenarbeit konkret gestaltet. Und da sehen wir die Sache kritischer. Allein schon weil wir unglaubliche Geschichten erlebt haben.

20 Besprechungsräume

Kürzlich haben wir ein mittelständisches Unternehmen mit etwa 300 Mitarbeitern beraten. Ein klassischer Fall: Die Geschäftsleitung hatte Unternehmenswerte entwickelt, formuliert und verabschiedet. Jetzt ging es darum, sie »zum Leben zu erwecken«. Dafür mussten sie nun vom mittleren Management verstanden, getragen und schließlich umgesetzt werden. Jedem im Raum war das Ziel des Workshops sonnenklar. Einhelliges Nicken aller Beteiligten, als wir die Agenda vorstellten. Danach lehnten sich die Herrschaften in ihre Stühle zurück, wendeten sich an den Sitznachbarn und strahlten eine gehörige Portion Stolz und Zufriedenheit aus.

Ja, aber Moment mal – da fehlt doch was!, störten wir das gefällige Plaudern. Und fragten nach: Was heißt das denn konkret? Wie kriegen wir die Werte an den Mann und die Frau? Wie erreichen wir, dass die Werte im Unternehmen ankommen – und gelebt werden?

Mit diesen Fragen hatte offensichtlich niemand gerechnet: Alle schauten uns mit großen Augen an. Hochgezogene Augenbrauen in der Runde.

Wir ließen nicht locker: Was müssen wir denn dafür tun, dass die Mitarbeiter damit etwas anfangen können? Was muss jeder Einzelne hier im Raum bewerkstelligen, damit die Werte auch in seiner Abteilung gelebt werden?

Stolz und Zufriedenheit waren auf einmal verflogen. Jetzt herrschten Zweifel und Skepsis.

»Wir haben so was schon mal probiert, das geht doch wieder in die Hose«, meldete sich einer aus der Runde.

»Meine Leute kriegst du zu so was nicht. Die sind froh, wenn man sie in Ruhe lässt«, haute ein anderer in dieselbe Kerbe.

Und natürlich müsse man erstmal gucken, ob überhaupt Zeit dafür ist. Schließlich habe man ja mit dem Tagesgeschäft genug um die Ohren. Und: Der Kunde geht vor!

Was war hier passiert? Hochdotierte Führungskräfte – Führungskräfte, die täglich Entscheidungen treffen und Verantwortung übernehmen, machten jetzt eine Vollbremsung. Maßnahmenplan? Verbindliches Commitment? Nichts da!

Besonders bemerkenswert: Dieses Unternehmen hat 20 Besprechungsräume! Und die sind stets ausgebucht. Doch nach unserer Wahrnehmung gibt es nur ganz selten Gespräche, die am Ende einen konkreten Maßnahmenplan hervorbringen. Schlimmer noch: Von 15 Teilnehmern kamen genau drei pünktlich. Und während der Besprechung klingelten auch noch permanent die Handys. Kurzum: Die Meetingkultur in diesem Unternehmen verdient diesen Namen nicht. Weil bei diesen Meetings keine Ergebnisse erzielt werden.

Wie kann das sein? Ist denn heute – im 21. Jahrhundert – nicht längst jedem klar, wie Besprechungen funktionieren? Schließlich gibt's doch mindestens 1001 Ratgeber zum Thema »Wie leite ich ein Meeting«?

Offensichtlich nicht! Wir alle machen Meetings schon seit Jahrzehnten. Und irgendwie fühlen wir uns auch alle recht gut damit. Doch genauso wie ungesunde Ernährung Spaß macht – so können auch Meetings ohne Ergebnis Spaß machen! Wir greifen liebend gern abends bei einem guten Film nach der Tüte Chips oder lassen uns genüsslich einen weiteres Stück Schokolade nach und nach im Mund zergehen – wohlwissend, dass Gemüse-Sticks um Welten gesünder wären.

Dass Ideen auch einer konsequenten Umsetzung bedürfen, wissen wir schon. Dass wir dazu klare Maßnahmen festzurren müssen, auch. Dass wir eben Meetings mit wirklichen Ergebnissen brauchen, ist klar. Aber genauso, wie wir uns die Schokolade schmecken lassen, finden wir auch Gefallen an einem freundlichen Gesprächskreis, in dem wir richtig coole Ideen entwickeln, die wir dann schließlich auch alle im Konsens verabschieden. Das gibt allen ein tolles Gefühl der Zugehörigkeit zu einer Gruppe. Alle haben sich eingebracht, alle finden gut, was am Ende dabei rumgekommen ist. Spitzenmeeting! Nur leider ergebnislos. Wo liegt also der Fehler?

> Genauso wie ungesunde Ernährung Spaß macht – so können auch Meetings ohne Ergebnis Spaß machen.

Alle Menschen werden Brüder

Die Crux ist nicht das Meeting an sich. Die schlechte Meetingkultur resultiert nicht aus einem falschen Meetingverständnis, sondern vielmehr aus einem falschen Teamverständnis. Und das findet sich insbesondere bei Teams, in denen die Mitarbeiter bunt zusammengewürfelt in Projekten arbeiten.

Moment. Ist das nicht die modernste Organisationsform, die wir heute auch zu Recht hochleben lassen? Ja, ist sie. Dennoch stellen wir uns dabei immer wieder selbst ein Bein.

> Schlechte Meetingkultur liegt nicht am falschen Meetingverständnis, sondern am falschen Teamverständnis.

Was verbirgt sich eigentlich hinter dem Teamgedanken? Wie sollte es denn idealerweise ablaufen?

Alle Macht dem Volke! Führungskräfte wissen heutzutage sehr gut, dass sie mit Befehl und Gehorsam herzlich wenig erreichen. Sie wissen sehr gut, dass Mitarbeiter nur dann mitziehen, wenn sie motiviert sind – am besten intrinsisch motiviert. Und intrinsische Motivation erreicht man wie? Richtig: durch Beteiligung! Empowerment heißt das Zauberwort. Mitarbeiter sollen in die Lage versetzt werden, Entscheidungen selbst zu treffen, ihre Arbeit selbst zu gestalten. Dann – und nur dann – sind sie mit im Boot. Wenn also Mitarbeiter beteiligt werden sollen, dann müssen wir wichtige Entscheidungen eben auch gemeinsam treffen. Und der passende Rahmen? Ja sicher, das Meeting. Hier sitzen wir alle gemeinsam am Tisch. Wir entwickeln zusammen, und wir entscheiden zusammen. Schön basisdemokratisch. Wir diskutieren die Dinge wirklich aus, bis wir auch den letzten überzeugt haben. Wir wollen ja schließlich niemanden außen vor lassen oder auf unserem gemeinsamen Weg verlieren.

Hört sich erstmal toll an. Finden wir auch. Keiner wird übergangen. Ein wahrhaft modernes Menschenbild wird gepflegt.

Die Praxis sieht nur leider anders aus. Interessanterweise geht in solchen Organisationsformen immer etwas schief. Und zwar immer das Gleiche: Keiner fühlt sich mehr verantwortlich. Und keiner ist mehr verantwortlich.

Ene, mene, muh

Ein Unfall. Mindestens 30 Leute stehen da und gucken zu. Aber niemand tut etwas. Keiner greift zum Telefon und ruft die Polizei. Warum nicht? Studien über erste Hilfe belegen: Wenn ein Unfall passiert, aber nur ein Mensch anwesend ist, sagt er sich: »Okay, da muss ich helfen!« Und greift ein. Sobald aber eine größere Gruppe anwesend ist, sieht es völlig anders aus. Dann sagen Sie sich: »Warum sollte ich die Polizei rufen? Hat doch bestimmt schon jemand gemacht.« Oder Sie denken: »Der da sieht sportlich aus, soll der doch ins Wasser springen!«

Wir haben es dann mit einem handfesten Reaktionsvakuum zu tun. Alle verharren in einer abwartenden Haltung: Wie reagieren die anderen? Letztlich tut keiner etwas.

Für das, was in solchen Gruppen passiert, gibt es einen Fachbegriff: »Verantwortungsdiffusion«. Heißt: Eine Aufgabe, die offensichtlich zu tun ist – und von deren Dringlichkeit letztlich jeder in der Runde überzeugt ist –, wird trotz genügender Anzahl und Aufmerksamkeit der beteiligten Personen nicht angenommen und nicht ausgeführt.

Vollkommen dumm, aber auch vollkommen nachvollziehbar. Die Soziologie sieht die Ursache vor allem darin, dass die Verbindung zwischen der eigenen organisatorischen Rolle und dem Charakter der Aufgabe für die Akteure ungeklärt ist. Und so fühlt sich schlichtweg niemand berufen.

Alle finden die Aufgabe gut und richtig. Doch keiner macht sie. Ein klarer Fall von Verantwortungsdiffusion im Team.

In Unternehmen ist es nicht anders. Wenn hier ein Thema in Teamarbeit gelöst werden soll, denken alle schnell: »Oh, wichtiges Thema. Das kann man nicht mal eben so entscheiden, da muss man zusammen anpacken.« Geben Sie das Problem hingegen einem Mitarbeiter und betrauen ihn als Experten mit der Sache, so wird er sich reinhängen – und es lösen.

Im Team mag das Miteinander harmonisch sein, die Ideenfindung super laufen, die Gleichberechtigung toll ankommen, aber etwas fehlt: das Ergebnis. Es werden letztlich keine Entscheidungen getroffen – und wenn, dann nur nach endlosen Diskussionen.

Das zermürbt und der ursprüngliche Teamelan ebbt ab. Irgendwann schleppen sich alle nur noch missmutig zum x-ten Meeting. Weil sie wissen: Es ist mal wieder für die Katz!

Diese passive Haltung bei der Problemlösung findet man letztlich überall, wo mehrere Menschen am Tisch eine gemeinsame Sache angehen. Wir finden es sowohl in den basisdemokratischen Teams, die für ein bestimmtes Projekt zusammenarbeiten, als auch in hierarchischen Organisationen.

Zwar entschärfen klare Hierarchien das Problem, aber sie schützen letztlich nicht davor, in die Verantwortungsfalle zu tappen. Wir zum Beispiel. Wir haben in unserem Unternehmen zwar nur flache Hierarchien, aber immerhin haben wir welche. Und dennoch müssen auch wir immer wieder die leidvolle Erfahrung ewiger Projekte machen.

Wieso ich?

In unserem Unternehmen brauchten wir eine neue Verwaltungssoftware für die Planung unserer Veranstaltungen, Tagungen und Schulungen – eine Software für die Planung der Räume, der Teilnehmer, die Buchung und so weiter. Die Software ist für mehrere Abteilungen und Standorte wichtig. Und so gab es viele Beteiligte, die gehört werden mussten. Im Alleingang ging hier also nichts. Eine Teamaufgabe war geboren.

Drei unserer 12 Filialleiter – die Geschäftsführer unseres Unternehmens – initiierten ein entsprechendes Projekt. Es gab ganz klare Projektziele, und der Start lief glänzend. Wir haben sämtliche Verwaltungsmitarbeiter einbezogen, um die Anforderungen an unsere neue Software klipp und klar zu machen. Wir trafen Entscheidungen im Konsens und legten ein ordentliches Tempo vor. Wir hatten dabei richtig Spaß! Dann stand das Lastenheft, und wir hatten uns für einen konkreten Anbieter entscheiden.

Klasse. Das Projekt hatte mit Elan angefangen, und jetzt hatten wir die Chance, die PS so richtig auf die Straße zu bringen.

Doch ausgerechnet jetzt wurde es plötzlich mühsam. Es ging um Details – um Vorlagen, Prozesse und all die operativen Feinheiten. Und damit wollte wohl niemand etwas zu tun haben, denn jeder verließ sich auf den anderen, Verantwortungen wurden hin und her geschoben. »Das macht die Zentrale«, hieß es oder: »Das machen die in Stuttgart.« Termine wurden nicht eingehalten, das Projekt hat sich ein halbes Jahr verzögert. Und, wenn wir ehrlich sind, ist es immer noch nicht ganz fertig. Selbst die Führungskräfte, unsere drei projektverantwortlichen Geschäftsführer, spielten eifrig Pingpong. Keiner packte so recht an, keiner übernahm wirklich Verantwortung. Es waren ja noch zwei andere da ...

Mit anderen Worten: Für Ideenfindungen ist Teamarbeit das absolute Mittel der Wahl. Es geht praktisch immer besser als allein. Doch sobald es um die Umsetzung der Ideen geht, sind auch Teams, in denen klare Hierarchieverhältnisse herrschen nicht automatisch vor einer unerklärlichen Verlangsamung der Prozesse gefeit.

Besonders anspruchsvoll ist die Zusammenarbeit über Abteilungsgrenzen hinweg. So sehr wir genau diese Zusammenarbeit im Unternehmensalltag brauchen, so schwierig ist sie gleichzeitig auch. Besitzstandswahrung, Lorbeeren sammeln oder schlichtweg persönliche Disharmonien zwischen den verschiedenen Abteilungsleitern – wer kennt sie nicht, diese spitzen Steine, die sich uns da in den Weg legen.

Wenn das Team nur innerhalb der eigenen Abteilung existiert – und die anderen eben nur »die anderen« sind –, dann denkt jedes Team nur an sich. Dann wird gemauert und Wissen nicht weitergegeben. Gleichzeitig wird die Hilfe von anderen Abteilungen gern in Anspruch genommen: Schnell ruft man also die IT-Abteilung an, anstatt den PC mal eben selbst auf die andere Seite des Schreibtisches zu schieben. Dafür bräuchte man einfach nur das Kabel länger ziehen. Aber für solche Sachen werden die aus der IT ja schließlich bezahlt, oder? Nach dem Motto: Mir doch egal, ob die sich in der Zeit wichtigeren Dingen widmen könnten.

Aus der Abteilungsfalle kommen Sie nur heraus, wenn Sie das gesamte Unternehmen als Team begreifen und verankern.

Warum ist denn diese Teamarbeit so verflixt schwierig? Wir sind doch erwachsene, gebildete und vernünftige Menschen. Wieso kriegen wir das Kind nicht geschaukelt?

Wir können Sie beruhigen. Es liegt nicht an Ihnen persönlich. Nein, da sind zwei mächtige Feinde am Werk: die Konsenskultur und die Harmoniesucht.

Und plötzlich kommt Regen auf

Sonntagmorgen. Man sitzt gemütlich am Frühstückstisch. Die Sonne lacht, und die Idee vom gemeinsamen Familienausflug ist geboren. Au ja, Picknick am See! Mutter und Tochter sind sich schnell einig. Doch der Zwölfjährige schmollt. Öde, so ein See! Nein, er möchte lieber biken. Und wenn Papa ehrlich ist, steht ihm eher der Sinn nach Biergarten. Da bauen sie später eine Leinwand auf, und es gibt Bundesliga. Aber es wäre doch so schön, wenn wir mal wieder etwas gemeinsam unternehmen würden, appelliert die Mutter. Papa fügt sich – um des lieben Friedens willen. Aber der Sohnemann bleibt standhaft. Es geht nicht vor, nicht zurück. Irgendwann später verabredet sich der Zwölfjährige mit seinem Freund zum Biken. Und die drei anderen packen die Sachen für den See. Plötzlich der Ruf der Tochter: »Mama, es regnet.«

Wir wollen sie unbedingt, die Entscheidung, von der alle begeistert sind. Die Entscheidung ohne Gegenstimmen. Die Entscheidung im Konsens also. Und so diskutieren wir, und wir überreden. Es wäre doch so schön, wenn wir uns alle einig wären, wenn wir es allen recht machen könnten. Aber das kommt nur in Ausnahmefällen vor.

Gut, auf dem politischen Parkett ist es schlau, niemanden unterzubuttern. Dass auf internationalen Konferenzen und in Organisationen, zum Beispiel OSZE oder NATO, Entscheidungen nach dem Konsensprinzip gefällt werden, ist insofern nicht verwunderlich.

Doch brauchen wir Konsens auch im Unternehmen? Auf jeden Fall erleben wir immer wieder in der Unternehmenswelt, dass Entscheidungen ganz bewusst im Konsens getroffen werden – obwohl wir hier doch eigentlich weniger kriegerische Auseinandersetzungen fürchten müssen.

Eine international aufgestellte Firma zum Beispiel, die wir beraten haben, möchte für alle Länder eine IT-Lösung finden – eine Lösung, die für alle richtig ist. Man ruft Vertreter sämtlicher Länder an einen

Tisch. Jeder bringt vor, was für sein Land entscheidend wäre. Und dann geht es an die Abstimmung der einzelnen Zutaten. Was musste auf jeden Fall rein in den Topf, was wäre verhandelbar? Jede Stimme zählt. Und jede Stimme zählt gleich viel. Sie diskutieren und wägen ab. Sie geben alles, auch wenn es an den Kräften zehrt. Und dann – endlich – ist sie da, die ersehnte Software-Lösung. Doch der Applaus fällt verhalten aus. Einzelne Länder hatten sich inzwischen schon eigene Lösungen gebastelt.

Was geht hier vor? Warum wollen wir an einer Sache arbeiten bis es wirklich für jeden Einzelnen passt? Die Gründe dafür sind schnell gefunden: Die Mitarbeiter bei Entscheidungsprozessen einbinden, sonst machen sie nicht mit. In Ordnung. Aber das ist nur die eine Seite der Medaille. Denn hinter all der Logik lugt auch noch etwas anderes, etwas zutiefst Emotionales hervor: Wir wollen einfach niemandem auf die Füße treten. Wir wollen besonders gut zusammenarbeiten. Wir wollen uns schlicht und einfach vertragen. Wir wollen Harmonie!

Eine Entscheidung einfach treffen, das ist in vielen Unternehmen gleichbedeutend mit »eine Entscheidung durchboxen«. So etwas tut man eben nicht. Nein, wir legen nicht los, bis wir nicht wirklich alle Mitarbeiter einbezogen und überzeugt haben. Wir wollen, dass alle, aber auch wirklich alle, unsere Entscheidung verstehen und mittragen. Und wenn wir sie nicht überzeugen können, was dann? Dann nehmen wir, der Harmonie zuliebe, notfalls sogar in Kauf, dass sie einfach weiter ihr Ding machen.

So auch ein europaweit tätiges Unternehmen. Hier wollte die Konzernzentrale nicht die Verantwortung für die Prozesse in den einzelnen Ländern übernehmen, und hat so auch keinerlei Vorgaben gemacht. So werkelten die einzelnen Ableger nach eigenem Gusto vor sich hin. Man nahm in Kauf, dass manche noch nicht einmal Inventur machten. Man nahm in Kauf, dass einzelne Ableger riesige Verluste erwirtschafteten. Jeder ließ den anderen in Ruhe. Keiner ging in die Offensive – obwohl es der Sache unendlich gut getan hätte.

Sicher, es ist völlig klar, dass in der EU ewig debattiert wird. Hier erwarten wir naturgemäß keine Ad-hoc-Entscheidungen. Und, obwohl wir sicher das eine oder andere Mal darüber die Augen verdrehen, letztlich finden wir es absolut normal. So ticken sie halt, die Politiker. Und politische Organisationen sind nun mal träge.

Das wäre allerdings gar nichts für uns.

Denn in der Wirtschaft ticken die Uhren anders. Der Markt verlangt ein hohes Tempo. Hier müssen wir manchmal innerhalb von Sekunden die richtige Entscheidung treffen. Sonst tut's ein anderer. Zeit ist Geld.

Leider verfallen aber immer noch zu viele Unternehmen in ähnliche Muster wie wir sie bei den politischen Organisationen belächeln. Und zwar immer dann, wenn wir mit einer Teamarbeit an den Start gehen. Denn dann wollen wir – genau wie am Frühstückstisch oder genau wie in der EU-Debatte – Einigkeit erzielen.

Wenn wir ein Teamprojekt aufsetzen, dann eben genau weil wir eine gemeinsame Sache erarbeiten wollen, weil wir eben gemeinsam entscheiden wollen. So diskutieren und entwickeln wir, bis auch der Letzte von der Sache überzeugt ist. Bis alle mit einem prima Gefühl auseinander gehen. Und so zieht sie sich hin, die Abstimmung. Und, wenn überhaupt, haben wir erst nach einer halben Ewigkeit eine brauchbare Entscheidung auf dem Tisch.

Gut, dann stehen aber auch alle hinter dieser Entscheidung, werden Sie sagen. Aber oft kann der Kunde, kann der Markt nicht so lange warten. Und wer sagt denn, dass die Entscheidung am Ende wirklich so klasse ist?

Konsens und Harmonie kosten Zeit – und können sogar den Erfolg aufs Spiel setzen.

Stellen Sie sich mal folgende Situation vor: Eine Personalentwicklungsleiterin stellt in verschiedenen Gesprächen fest, dass die Mitarbeiter des Unternehmens etwas Nachbesserung im kaufmännischen Bereich brauchen. Sie beschließt, dass die Mitarbeiter eine Grundlagenschulung erhalten sollen. Gesagt, getan. Sie sucht sich den passenden Anbieter und bucht die Schulung. Alles in trockenen Tüchern. Bis, ja bis der Chef um die Ecke kommt und die Sache noch mal aufrollt. Die Mitarbeiter bräuchten mehr fachliche Tiefe, sie wären schließlich keine Anfänger. Also alles nochmal von vorn. Jetzt holt man die Spezialisten aus Buchhaltung und Controlling mit an den Tisch. Expertenwissen für die Mitarbeiter soll es geben. Aufwendig wird ein Fachvortrag gebastelt, der allen kaufmännischen Gesichtspunkten gerecht wird. Aber: So richtig berufen für eine interne Schulung fühlt sich verständlicherweise niemand der Experten. Denn das ist nun mal nicht ihr Job. Und die fachliche Tiefe ist inzwischen auch ein echter Hammer. Aber Chef ist Chef und Wunsch ist Wunsch. Am Ende gibt es also einen Tag Grundlagenschulung und einen Tag Expertenvorträge. Aus einem Tag Schulung werden zwei, die Kosten schnellen durch Übernachtung und Verpflegung in die Höhe. Und wie ist die Zufriedenheit der Kunden – der Mitarbeiter also? Die finden die Grundlagenschulung klasse. Das war genau das, was sie brauchten. Und die Fachvorträge? Langweilig – so das Feedback. Das ist übrigens kein Märchen, die Situation ist real, und solche Fälle kommen in fast jedem Unternehmen vor.

Am besten alle mitreden lassen? Was lange währt, wird endlich gut? Nicht zwangsläufig. Hier jedenfalls haben Zeit und Umfang des Projektes gegen den Kundenwunsch gearbeitet. Auch wenn alle mitreden dürfen, gegen den Chef sagt letztlich doch keiner was. Und dann haben wir ihn, den faulen Kompromiss.

Wenn das doch alles so unendlich schwierig und dann auch noch erfolglos ist, sollten wir die Teamarbeit dann nicht besser abschaffen?

Natürlich nicht! Wir brauchen Teamarbeit, um verschiedene Kompetenzen zu bündeln, um verschiedene Expertisen nutzbar zu machen. Aber ... wer spielen will, braucht Regeln.

Der Mainstream im Management versteht zurzeit unter guter Teamarbeit flache Hierarchien, Verantwortung an der Basis, schnelle Ideenfindung, gute Entscheidungen. Das ist alles wunderbar. Unterschreiben wir alles. Genau das streben wir auch an. Was aber viele dabei vergessen, sind die Regeln für eine gute Teamarbeit. Es reicht eben nicht, eine bunte Truppe in einen Raum zu setzen, Teamarbeit über die Veranstaltung zu schreiben und den Kaffee nicht ausgehen zu lassen. Dann hätten wir nur eines erreicht: Alle fühlen sich pudelwohl. Keiner muss etwas alleine wuppen. Das wäre ein Teamverständnis der Sorte »Klassenausflug«. Hier übernimmt letztlich keiner wirklich Verantwortung. Das wäre die altbekannte Teamdefinition: Toll, ein anderer macht's!

Was wir brauchen, ist aber ein gänzlich anderer Teambegriff. Wir brauchen Teams mit Regeln und mit Eigenverantwortung.

Gratwanderung mit Teamgeist

»Wer hat den Tupfer?«

»Wo bitte war nochmal das Skalpell?«

»Ich schlage vor: Wir schauen mal in den Bauch und dann sehen wir weiter. Was meint ihr?«

Wollten Sie in die Narkose gehen, wenn dieses Team um Sie herum agiert? Wir nicht. Und wir sind sicher, auch das Team hätte mit einer solchen Arbeitsweise keine Freude. Der Anästhesist ist Experte in seinem Gebiet. Er will auch als solcher wahrgenommen werden und auch als solcher agieren. Denn so, und nur so, kann er wahren Nutzen stiften. Und ebenso geht es dem Chirurgen und der OP-Schwester. Alle wollen das beitragen, was sie am besten können. Und sie wollen sich dabei auf die anderen verlassen können. Das ist nichts Besonderes, das ist einfach nur professionell. Doch durch den starken Fokus auf Demokratie fehlt immer mehr Unternehmen ausgerechnet diese Professionalität.

Ein Unternehmen ist keine basisdemokratische Veranstaltung.

Auch wenn es nicht jedermanns Sache ist, wir sind der festen Überzeugung: Ein Unternehmen ist keine basisdemokratische Veranstaltung. Das bedeutet, Teams brauchen Hierarchien. Wenn nämlich keiner den Hut auf hat, fehlt die Orientierung. Die Bereitschaft des Einzelnen, Entscheidungen zu treffen, sinkt. Alle müssen und wollen sich permanent rückversichern.

Das bedeutet nicht, dass wir eine Kultur des Befehls und des Gehorsams propagieren. Aber gar keine Hierarchie halten wir für »tödlich«. Ständige Abstimmungsprozesse mögen fair und politisch okay sein. Aber diese Verfahren führen zwangsläufig zu Mittelmaß. Und so ist uns im Unternehmen ein »milder Herrscher« lieber. Denn wir sind fest davon überzeugt: Wenn Menschen zusammenarbeiten, brauchen sie Regeln, damit das Miteinander funktioniert und auch zeitnah Früchte bringt.

Nehmen wir an, Sie haben jetzt ein Problem auf dem Tisch, und natürlich wollen Sie es lösen. Alle zusammentrommeln? Schlechte Idee. Denn nicht jede Aufgabe ist eine Teamaufgabe. Möglicherweise ist das Problem durch einen Einzelnen viel schneller und auch ausreichend zu lösen.

Wenn Sie sich nach einer Prüfung und Reflexion für ein Teamprojekt entschieden haben, was tun, damit etwas passiert? Auf keinen Fall sofort loslegen, auch wenn es Ihnen unter den Nägeln brennt. Denn damit es hinterher flott geht, braucht es zu Anfang ein bisschen Zeit. Und die sollten Sie sich unbedingt nehmen. Also bleiben Sie besonnen und suchen Sie sich zunächst die passenden Experten. Wer kann welchen Beitrag leisten? Wer soll welche Rolle im Team spielen? Und das Ganze brüten Sie am besten nicht im stillen Kämmerlein aus, sondern ganz offen. Legen Sie Ihre Erwartungen und das Projektziel auf den Tisch. Sprechen Sie mit den jeweiligen Experten. Können und wollen sie sich für diese Sache engagieren? Können und wollen sie den erwarteten Beitrag leisten?

Wir brauchen Expertengruppen mit klaren Verantwortlichkeiten.

Wenn das Ziel klar und das Team gefunden ist, wenn die Rollen verteilt sind und der zeitliche Rahmen steht, kann es losgehen. Zu allererst muss sich das Team kennenlernen – die Stärken und Schwächen des anderen erkennen und erfahren, was man jeweils voneinander erwarten kann. Und eines ist uns ganz wichtig: Hier geht es nicht um einen hübschen Team-Projekt-Kick-Off à la Hochseilgarten. Das ist sicher eine feine Sache, hilft aber letztlich nichts bei der Problemlösung. Nein, es geht darum, dass sich das Team in der Zusammenarbeit kennenlernt. Was wir brauchen, ist eine wirkliche Teamfindung. Und das geht nun mal nicht in fünf Minuten. Ihr Team muss sich warm arbeiten dürfen, damit es später sein volles Tempo fahren kann.

Und noch eins: Jedes Teammitglied braucht den Rücken frei, um sich dem Projekt widmen zu können. Es muss also klar sein, dass dieses Projekt fürs Unternehmen wichtig ist, und welche Priorität es gegenüber dem Tagesgeschäft hat. Und jedes Teammitglied braucht die Kompetenz zur Entscheidung. Auch das muss vorher unbedingt geklärt werden. Sonst ist das Team nicht beschlussfähig und verkommt wieder zum lockeren Gesprächskreis.

Wenn dann aber klar ist, wer was entscheiden kann und wer was bis wann leistet, dann ist der Prozess nicht mehr zu stoppen. Dann kann Teamarbeit genau das entfalten, was wir uns von ihr erhoffen: eine richtige gute Lösung für ein Problem, das mehrere Kompetenzen braucht.

Keine Frage: Das Ganze ist eine Gratwanderung. Mitarbeiter einbeziehen und dabei das richtige Maß finden, ist ungeheuer schwer. Aber wer hat gesagt, Unternehmensführung sei eine leichte Angelegenheit?

- Meetings ohne Ergebnis sind ein Zeichen falsch verstandener Teamarbeit.

- Teamarbeit ist nützlich. Nicht aber, wenn sie zum Selbstzweck wird.

- Ein Unternehmen ist keine basisdemokratische Veranstaltung.

- Das gefährlichste Phänomen bei Teamarbeit: die Verantwortungsdiffusion.

- Konsens und Harmonie führen selten zu guten Entscheidungen.

TEIL 2
UNSCHEINBAR

5 Das Echtzeit-Prinzip

»Eilig. Bis heute Abend erledigen«, steht auf der Mappe mit dem Kreditantrag bei IBM Credit. Der Hammer! Denn der übliche Prozess verlangt, dass ein Kreditantrag durch vier Abteilungen geht. Nach dem Auftragseingang gibt es eine Bonitätsprüfung. Dann geht der Antrag in die Vertragsabteilung, die die Konditionen kalkuliert und den Vertrag ausfertigt. Die Verwaltung muss zustimmen. Nun kann das Vertragsdokument ausgedruckt, nochmal überprüft und mit einem Begleitbrief an den Kunden geschickt werden. Der Prozess benötigt ein bis zwei Wochen. Die Forderung, ihn in einem halben Tag zu erledigen, ist absurd. Das Dumme ist nur: Das ist die Handschrift des Chefs. Da wagt kein Sachbearbeiter, das Ganze mit dem Vermerk »geht nicht« zurückzuschicken.

Am Abend hat der Chef den Auftrag wieder auf dem Tisch.

»Wie haben Sie das gemacht?«, fragt er seine Mitarbeiter. Und erfährt: Der Antrag ist nicht, wie sonst üblich, durch vier Abteilungen gewandert. Nein. Eine einzelne Sachbearbeiterin hat sich drangesetzt und ihn von A bis Z geprüft. Sie hat dafür vier Stunden gebraucht.

Sorgfältig prüft der Chef die überarbeitete Mappe. Er weiß: Die Sachbearbeiterin ist keine Spezialistin für alle Gebiete, die es zur Kreditvergabe braucht. Kann sie ja auch unmöglich sein. Besteht da nicht die Gefahr, dass sie den einen oder anderen Fallstrick übersieht? Ist die Entscheidung anhand fundierter Bonitätskriterien getroffen worden – oder mit dem Würfel?

Warum Effizienz dem Unternehmen schadet

Jeder Betriebswirtschaftler und Volkswirtschaftler lernt schon im Studium: Ein solches Verfahren kann unmöglich funktionieren. Jedenfalls nicht so gut wie die herkömmliche Vorgehensweise. Nicht umsonst hat die Menschheit seit über 5000 Jahren eine arbeitsteilige Gesellschaft. Spezialisten können eine Aufgabe besser und rascher erledigen als Generalisten. Ihre Wirkung, also ihr Output pro Zeiteinheit ist höher. Die Organisation in komplexen und vernetzten Prozessen ist effizient. Selbst wenn eine Aufgabe manchmal warten muss, bis der zuständige Spezialist Zeit hat: Das ist immer noch besser, als wenn jemand mit ganz anderen Qualifikationen sich daran macht und ein Ergebnis produziert, das dann vom Spezialisten aufwändig gerettet werden muss. Das zeigt doch die Erfahrung. Oder?

Bei IBM Credit stellte der Chef fest: Der Antrag war gut bearbeitet. An der Qualität gab es keine Abstriche. Allerdings an der Effizienz der Vorgehensweise. Wenn ein Antrag den normalen Weg ging, betrug die Netto-Bearbeitungszeit anderthalb Stunden, also deutlich weniger als beim improvisierten Eilverfahren. Im Durchschnitt brauchte ein Sachbearbeiter jeweils 22 Minuten. Das waren Spezialisten, die viel Routine hatten und auf den ersten Blick die Knackpunkte erkannten. Die eine Sachbearbeiterin musste hier und dort etwas zweimal lesen, nachschlagen, musste sich erst in die Materie hineindenken. Sie brauchte 2,5 Stunden länger als der übliche Ablauf. Netto. Aber brutto sah die Sache ganz anders aus: Wenn vier hochspezialisierte Sachbearbeiter an dem Vorgang beteiligt waren, lag der Antrag zwischen den einzelnen Bearbeitungsschritten jeweils ein bis zwei Tage. Wenn einer der Spezialisten krank oder in Urlaub war, auch mal länger. Die Bruttozeit war also viel höher als die Nettozeit. So kam es, dass die einzelne Bearbeiterin Brutto um 7,5 bis 13,5 Tage schneller war als der herkömmliche Prozess.

Manchmal muss man die Effizienz des Einzelnen reduzieren, um die Gesamteffektivität zu erhöhen.

Manchmal muss man die Effizienz des Einzelnen reduzieren, um die Gesamteffektivität zu erhöhen. Wir werden nicht müde, auf diesen Umstand hinzuweisen, denn unserer Erfahrung nach klingt der Satz für viele Managerohren wie ein Sakrileg. Effizienz reduzieren? Um Gottes Willen! Na klar, wir verstehen das. Wenn der Fokus der Führungsetage über Jahre darauf liegt, Prozesse auf Effizienz hin zu optimieren, fühlt sich dieser Gedanke wie ein Gesetzesverstoß an. Trotzdem bleibt er wichtig. IBM Credit hat das erkannt und das gesamte Kredit-Verfahren umgestellt. Heute bearbeitet jeweils nur noch eine Person einen Antrag. Mit durchschlagendem Erfolg: Im selben Zeitraum wurden hundertmal mehr Kreditanträge bearbeitet als zuvor. Die Kunden freuten sich über das stark beschleunigte Verfahren. Der Umsatz vervielfachte sich. Heute gehört IBM Credit zu den 100 größten Finanzdienstleistern in den USA. Von einem guten Unternehmen sind sie zum Champion geworden.

Welches Prinzip steckt hier dahinter? Es kann ja nicht bei jedem Unternehmen generell darum gehen, jeden Prozess nur von einer einzigen Person bearbeiten zu lassen. Das war der spezifische Weg von IBM Credit, um ein bestimmtes Ziel zu erreichen. Was braucht es noch? Oder anders ausgedrückt: Wie können auch andere Unternehmen in Sachen Effektivität zu Champions werden? Vielleicht mit einen klugen Einfall und einem Helikopter?

Aus den Augen der Kunden gesehen

Flap, flap, flap, rauschen die Rotoren. Der Motor dröhnt. Sand und Kieselsteinchen wirbeln auf, als der Hubschrauber hinter dem Fabrikgebäude zur Landung ansetzt. Einige Mitarbeiter der Verwaltung springen neugierig ans Fenster.

»Was, bekommen wir etwa eine unangekündigte Inspektion?«, wundert sich Sachbearbeiter Bernd. »Und das ausgerechnet heute!«

Sein Kollege Klaus schüttelt den Kopf und grinst.

»Keine Panik, Bernd. Die Zentrale hat vor anderthalb Stunden angerufen und gesagt, dass der Hubschrauber kommt. Alles im grünen Bereich.«

»Im grünen Bereich? Das hier ist der Hubschrauber vom Vorstand! Ich hab keine Zeit, hohen Besuch zu betreuen. Wenn wir nicht innerhalb von einer halben Stunde die Wafer hierherbekommen, steht die Produktion still!«

Auf dem Kiesplatz ist der Helikopter gelandet. Zwei Mitarbeiter des Werks laufen hin und schieben die Tür des Passagierraums auf. Aber kein Herr im Anzug tritt hinaus. Stattdessen springen die Werksmitarbeiter in den Hubschrauber und hieven eine Kiste heraus.

Klaus deutet aus dem Fenster auf die Szene.

»Die Wafer sind schon hier. Fünf Kisten. Damit wir weiter produzieren können, bis der Lkw repariert ist.«

Mit dem Hubschrauber des Vorstands Ersatzteile einzufliegen, um einen Stillstand der Produktion zu verhindern – das ist nicht nur Teamarbeit, sondern eine wirklich unkonventionelle Lösung eines akuten Problems. Aber es geht hier um mehr: Es geht um Tempo. Darum, immer ein Stück schneller zu sein als die Konkurrenz. Damit niemand eine Minute länger wartet als unbedingt nötig. Die Produktionsmitarbeiter nicht. Und die Kunden erst recht nicht. Das ist wichtig für die Kundenbindung. Eine solche Lösung erzielt mit Sicherheit bei den Kunden Begeisterung. Und das nicht, weil die Kunden vielleicht von der Hubschrauber-Lösung gehört haben, sondern weil alles getan wird, um schnell zu sein.

Schnelligkeit braucht es aber nicht nur, um Probleme zu beseitigen, die die bestehenden Abläufe verlangsamen. Nicht nur beim Troubleshooting, sondern auch in den ganz planmäßigen Abläufen. In allen Bereichen: Kundenservice, Produktion, Kommunikation. Warum das so nötig ist? Weil es den Kunden so wichtig ist:

> Quer durch die verschiedenen Branchen gilt: Schnelligkeit gewinnt Kunden.

»Für 42 Prozent der weltweit befragten Kunden ist Schnelligkeit beim Kundenservice der wichtigste Zufriedenheitsfaktor. In Deutschland sind es sogar 48 Prozent«, ist das Ergebnis einer Umfrage, die 2011 vom Callcenter-Dienstleister Avaya durchgeführt wurde. Auch in anderen Branchen ist den Kunden Tempo wichtig. Eine Online-Umfrage des Finanzportals moneycompass.de, nach welchen Kriterien Kunden ihre Versicherung aussuchen, ergab 2011: »79 Prozent der Befragten halten das Preis-Leistung Verhältnis für wichtig, 50 Prozent den Kundenservice und 40 Prozent die Schnelligkeit bei der Schadensregulierung.«

Quer durch die verschiedenen Branchen gilt: Schnelligkeit gewinnt Kunden. Ein paar Stunden Schweigen können fatal sein. Wer eine Dienstleistung oder ein Produkt anfragt und bis zum nächsten Tag keine Antwort hat, der wendet sich eben an eine andere Firma. Derjenige, der eine Kundenanfrage als erster beantwortet und dann auch noch einen baldigen Liefertermin und überzeugende Konditionen nennen kann, gewinnt den Auftrag.

Aber Vorsicht: Schnelle Zusagen bergen die Gefahr, sie vielleicht nicht einhalten zu können.

Gerade Handwerker sind dafür berüchtigt, erst große Versprechungen zu geben und den Termin dann doch noch dreimal zu verschieben und dabei auch noch den Kostenvoranschlag mit verblüffender Regelmäßigkeit weit zu übertreffen. Die anfängliche Begeisterung des Kunden schlägt so bald in Enttäuschung um. Noch kritischer wird es, wenn verschiedene Handwerker gemeinsam an einem größeren Projekt arbeiten. Auch wenn jeder einzelne schnell und gut arbeitet, entstehen an den Schnittstellen oft Probleme und Unterbrechungen.

Oder kennen Sie jemanden, der pünktlich in sein fertiges Haus eingezogen ist? Oder der dabei den ursprünglich kalkulierten Kostenrahmen eingehalten hat? Vom Stuttgarter Hauptbahnhof oder dem Flughafen Berlin ganz zu schweigen. Da Zeit Geld und Geld Zeit ist, gilt sowohl für gesprengte Zeitrahmen als auch für gesprengte Kostenannahmen: Für die Kunden ist das in vielen Fällen zu teuer. Oder umgekehrt: Schneller ist günstiger, das schnellere Tempo kennzeichnet das besser zu bewertende Angebot. Unserer Erfahrung nach machen sich viel zu viele Anbieter nicht wirklich klar, dass jede Woche, jeder Tag, jede Stunde Verzug ihr Angebot für den Markt ein Stück unattraktiver werden lässt.

Schnelligkeit ist also ein Garant für Aufträge. Aber lange nicht der einzige. Um Stammkunden zu gewinnen, braucht es mehr als Schnelligkeit, nämlich auch Verbindlichkeit und Zuverlässigkeit.

Um Kunden zu gewinnen, braucht es mehr als Schnelligkeit, auch Verbindlichkeit und Zuverlässigkeit.

Wie schafft es ein Unternehmen, seine Zusagen zuverlässig einzuhalten? Amazon macht es vor.

Alles im Fluss und Up-to-date

Im Februar 2013 ging – wieder einmal – Kritik an den Arbeitsbedingungen bei Amazon Deutschland durch die Medien. Ausgelöst hatte den Skandal eine ARD-Reportage über Leiharbeiter im Amazon-Auslieferungslager Bad Hersfeld. In der Fernsehsendung war die Rede von »moderner Sklavenarbeit«. Bis zu 5000 Personen aus ganz Europa sollen als Saisonarbeiter für das Weihnachtsgeschäft 2012 eingesetzt worden sein. Die Leiharbeiter seien unter »menschenunwürdigen Umständen« untergebracht und von einem Sicherheitsunternehmen von zweifelhaftem Ruf überwacht worden. Die Geschichte ist für Amazon noch nicht ausgestanden. Und sie ist nur der jüngste Skandal. In der Vergangenheit geriet Amazon wegen seiner Anstellungs-Praxis und Arbeitsbedingungen immer wieder in die Kritik. Auch sein Firmensitz in Luxemburg und ein komplexes Finanzsystem, das Steuerzahlungen weitgehend vermeiden soll, kratzen am Image. Ebenso wie die Tatsache, dass das Riesenunternehmen nicht nur einzelne Konkurrenten vom Markt verdrängt, sondern ganze Branchen in Bedrängnis bringt – zum Beispiel den Buch-Einzelhandel.

Aber woher hat Amazon diese Marktmacht? Wenn das ganze Unternehmen wirklich so unerfreulich ist – warum rennen ihm dann nicht die Kunden scharenweise weg? In einer nicht repräsentativen Umfrage von ka-news.de gaben 43 Prozent der 870 Abstimmenden an, dass sie die Arbeitsbedingungen der Leiharbeiter zwar schlimm finden, aber trotzdem weiter bei Amazon einkaufen werden. 21 Prozent waren die Vorwürfe egal, und 35 Prozent kündigten an, Amazon künftig zu boykottieren. Falls die Stimmung der 870 Befragten repräsentativ für alle Amazon-Kunden ist, scheinen nicht sehr viele Kunden ihren Boykott-Vorsatz durchgezogen zu haben: Die Umsatzzahlen des Unternehmens gingen nach dem Skandal praktisch nicht zurück. Im Gegenteil: Das Unternehmen wächst und wächst. Von 2011 auf 2012 steigerte sich sein Umsatz um satte 34 Prozent. Für 2013 rechnet das Unternehmen mit weiteren Umsatzsteigerungen zwischen 14 und 26 Prozent. Woher kommt dieser Erfolg trotz des schlechten Images? Wir wollen hier differenzieren. Amazon scheint ein wirklich schlechtes Vorbild zu sein, was seine Beziehung zu seinen Mitarbeitern angeht. Aber das hält uns nicht davon ab, einen anderen Aspekt genauer zu betrachten, in dem Amazon weltmeisterlich ist: in seiner Echtzeit-Beziehung zum Kunden!

Der Kundenservice formuliert es in einer E-Mail so: »Unser Ziel: das kundenfreundlichste Unternehmen der Welt zu sein.«

Dabei gibt es bei Amazon weder Rabattaktionen noch Bonuspunkte. Die Kundenfreundlichkeit zeigt sich vor allem in einem Aspekt: Amazon ist in allen Bereichen schnell und unkompliziert. Nicht erst beim Versenden der bestellten Ware, sondern schon beim ersten Klick auf die Website. Amazon hält seine Kunden immer auf dem Laufenden und beantwortet Fragen, bevor sie gestellt werden. Und zwar da, wo sie aufkommen, direkt bei der Darstellung der Produkte, nicht versteckt in AGB oder FAQ.

Schon bevor man einen Artikel bestellt, weiß man, ob er noch auf Lager ist, ob nur noch wenige Exemplare verfügbar sind und ob Amazon weitere geordert hat. Die voraussichtliche Lieferzeit wird genau genannt – und eingehalten! Auf jede Bestellung verschickt Amazon sofort eine Mail. Geht die Bestellung raus, ebenfalls. Und Amazon nimmt Artikel völlig unproblematisch zurück, während viele Hersteller und andere Händler Kunden Reklamationen oft sehr schwermachen. Über Rezensionen können die Käufer der Welt und Amazon mitteilen, was sie von Produkt und Service halten.

Mit einem Satz: Die Verbindung zwischen Kunde und Unternehmen ist immer da. Jederzeit weiß der Kunde, woran er mit seiner Bestellung ist. Jederzeit weiß das Unternehmen, was der Kunde wünscht – und wie zufrieden er ist.

> Unternehmenskommunikation bedeutet, Berührungspunkte zwischen Unternehmen und Kunden reibungslos zu gestalten.

Dank dieses geschickt abgestimmten Informationsflusses hält der Käufer Amazon für zuverlässig. Informationsfluss heißt natürlich nicht, dass der Interessent pausenlos Mails vom Unternehmen bekommt. Das wäre lästig. Informationsleere Spams zu verschicken à la »Ihre Bestellung ist noch in Bearbeitung« zeugt nicht von einem guten Kundenkontakt, sondern eher vom Gegenteil: Was wir zum Ausdruck bringen wollen ist, dass eine Nachricht an den Kunden nur dann Sinn macht, wenn Sie dazu dient, seine Erwartungshaltung zu managen und Verbindlichkeit bezüglich seiner Erwartung schafft. Keine Botschaften im Sinne von: »Läuft«, ohne zu sagen, wann mit einem echten Ergebnis zu rechnen ist. Ansonsten kommuniziert das Unternehmen an den Kundenbedürfnissen vorbei. Es geht darum, dass die Berührungspunkte zwischen Unternehmen und Kunden reibungslos gestaltet werden. Dass jede wichtige Information – und nur die wichtige – jederzeit dort ist, wo sie benötigt wird.

Das genügt aber noch nicht. Wenn der Kunde sofort, wenn Schwierigkeiten auftreten, darüber informiert wird nach der Art von »Tut uns leid, die Sendung verzögert sich um eine Woche, weil ein Bauteil nicht rechtzeitig vom Zulieferer gekommen ist«, dann weiß er zwar, woran er ist. Aber er ärgert sich trotzdem. Den Ruf, wirklich zuverlässig zu sein, bekommt ein Unternehmen erst, wenn sowohl Kommunikation als auch Lieferung zuverlässig sind. Bei Auftragseingang muss die Firma einen konkreten Termin nennen, bis zu dem das gewünschte Produkt geliefert oder die Dienstleistung erbracht wird. Und diesen Termin muss sie einhalten. So gut wie immer.

Und diese zuverlässige Lieferung erreicht ein Unternehmen nur, wenn auch intern jederzeit die Verbindung stimmt. Wenn die Räder nahtlos ineinandergreifen. Zwischen den verschiedenen Abteilungen und zwischen den einzelnen Mitarbeitern. Die Informationen müssen an die richtigen Adressaten weitergereicht werden, die Prozessschritte nahtlos aneinander anknüpfen. Es darf nicht vorkommen, dass ein Mitarbeiter ein Projekt bearbeitet und es dann einige Tage liegt, bevor sich der nächste daran macht. Oder dass der nächste nicht genau weiß, was er damit tun soll. Denn dann verliert er Zeit mit Nachfragen oder werkelt auf gut Glück los.

Der Schlüssel lautet: gute interne Abstimmung. Koordination. Logistik.

Gaststätten, Einzelhandel und viele produzierende Betriebe praktizieren das bereits, zumindest in Teilbereichen. Sie müssen. Wenn ein Kunde im Einzelhandel nicht das Produkt findet, das er sucht, geht er sofort zum Wettbewerber. Wenn die hungrigen Gäste im Restaurant ihr Essen nicht innerhalb einer halben Stunde bekommen, verlassen sie verärgert das Lokal und kommen nie wieder. Daher muss alles vorbereitet und quasi minutengenau getaktet sein. Jeder Mitarbeiter muss seinen Zuständigkeitsbereich genau kennen und Hand in Hand mit den anderen arbeiten. Nur so kann sichergestellt werden, dass die Kunden zuverlässig bedient werden.

Auch in der Produktion ist die Logistik anspruchsvoll. Damit alles möglichst schnell und zuverlässig abläuft, werden Prozessschritte haarfein aufeinander abgestimmt. Zulieferbetriebe bringen ihre Bauteile »just in time« zum Fabriktor. Alle Bauteile sind da, die gerade benötigt werden. Nicht mehr und auf keinen Fall weniger. Das spart enorm viel Zeit und Lagerkosten – wenn der Lkw nicht unterwegs zusammenbricht. Aber Geschick und Kreativität lösen auch diese Panne.

Ein gut koordiniertes Unternehmen funktioniert mit nahtlosen, gut vorbereiteten Übergaben. Noch geschicktere Logistiker organisieren die Lieferkette nicht nur »just in time«, sondern »just in sequence«: Es werden nicht nur genauso viele Auto-Rückspiegel angeliefert wie für die Montage benötigt werden, sondern sie werden auch in genau der gleichen Farbreihenfolge verpackt, in der die Karosserien vom Band laufen. Kein Nachdenken, kein Sortieren mehr nötig.

Das Ziel: Der Ablauf kommt keine Sekunde ins Stocken. Die Bruttobearbeitungszeit wird reduziert.

Wie beim Staffellauf. Da steht der zweite Läufer nicht an seinem Platz und wartet, bis ihm der erste den Stab in die Hand drückt. Nein, er hat sich schon mal warmgemacht, er behält seinen Partner immer im Blick. Sobald dieser näherkommt, startet der zweite Läufer und nimmt Tempo auf. Einige Sekunden laufen beide in vollem Tempo mit genau abgestimmtem Schrittrhythmus nebeneinander her, damit die Armbewegungen genau parallel laufen. Dann wird der Stab übergeben. So geht keine Zeit mit Abbremsen und Beschleunigen verloren. Auf diese Weise funktioniert auch ein gut koordiniertes Unternehmen: mit nahtlosen, gut vorbereiteten und koordinierten Übergaben.

Nur wenn das gesamte Unternehmen intern, mit allen Zulieferern und mit dem Kunden gut koordiniert ist, ist nicht nur der einzelne Prozessschritt, sondern der Gesamtprozess schnell. Nur dann kann das Unternehmen zuverlässig sein. Nur dann bietet es Kunden und Mitarbeitern Sicherheit.

Geschwindigkeit und Koordination – das sind Maßnahmen auf der Umsetzungsebene. Sie bestimmen Ablauf und Organisation. Wer darauf achtet, ist gut. Vielleicht genügt Ihnen das ja. Okay. Uns genügt das aber nicht, denn uns interessiert nicht so sehr, wie ein Unternehmen gut wird, uns interessiert wirklich brennend, wie ein Unternehmen zum Champion wird. Seien wir ehrlich: Geschwindigkeit und Koordination werden von jedem Unternehmen erwartet – von der Dönerbude bis hin zum Automobilzulieferer. Was also zeichnet den Champion aus?

Weitblick

Thorsten Fischer war genervt. Da hatte er ein prima Geschäftsfeld aufgetan – und dann sollte es an so einer Kleinigkeit scheitern?

In seinem Würzburger Stadtmagazin hatte er Veranstaltungen angekündigt mit selbstgestalteten Anzeigen. Sein grafisches Talent überzeugte: Die Organisatoren der Veranstaltungen fragten an, ob er auch ihre Flyer und Plakate produzieren könne. Diese Aufträge nahm Fischer gerne an. Aber als er sich mit seinen Layouts an die Druckereien wandte, hörte er immer wieder ähnliche Antworten. »Bis nächsten Freitag drucken? Unmöglich, wir haben erst wieder in drei Wochen Kapazitäten frei.«

Oder: »Das gewünschte Papier haben wir nicht auf Lager. Das müssen wir erst bestellen.«

Seinen Kunden nützte es nichts, wenn der Flyer zwei Tage nach der beworbenen Veranstaltung fertig wurde. Also ging Fischer zur Schleunungdruck GmbH und verlangte den Chef zu sprechen. Dann schlug er vor: »Wenn Sie immer Standard-Papier für Flyer auf Lager halten und wenn Sie die Nachtschicht für mich freihalten, dann sorge ich für die Aufträge.«

Fischers Idee war: Online Druckaufträge zu sammeln, die dann automatisch platzsparend auf gemeinsamen Druckbögen arrangiert werden. Die Herstellung ist damit schneller und günstiger. 2002 startete er mit diesem Angebot die Website flyeralarm.com.

Wer seinen Druckauftrag dort aufgibt, erhält wenige Sekunden später eine Auftragsbestätigung. Noch in derselben Minute werden die Druckdaten geprüft und bestätigt. Am selben Tag wird die Rechnung online versandt. Innerhalb von drei Tagen – bei Express-Aufträgen innerhalb von 24 Stunden – sind die Flyer, Visitenkarten oder Poster gedruckt und bei der gewünschten Adresse. Garantiert. Sobald die Lieferung unterwegs ist, erhält der Kunde eine Nachricht, ebenso wenn sie angekommen ist. Zu jedem Zeitpunkt ist der Kunde über den Status des Auftrags auf dem Laufenden. Ein gutes Angebot? Ja. Ein sensationelles Angebot, weil es weit und breit einzigartig war? Ganz offensichtlich!

Die Aufträge strömten nur so herein. Die bestehenden Kapazitäten von Schleunungdruck reichten bald nicht mehr aus. Schleunung und Fischer gründeten ein Joint Venture, das Druckhaus Mainfranken. Inzwischen hat es vier Standorte. Und das, obwohl die Druckbranche seit Jahren in der Krise steckt: Der Buchdruck ist weitgehend nach China abgewandert, Kataloge gibt es zunehmend online statt auf Papier. Seit dem Jahr 2000 musste ein Drittel der Druckereien in Deutschland aufgeben. Flyeralarm dagegen wächst rasend.

Bald nahm das Unternehmen weitere Angebote ins Portfolio: Über 500 Papiersorten stehen zur Auswahl. Schon längst können nicht mehr nur Flyer und Plakate gedruckt werden, sondern auch Papiertüten, CD-Hüllen, Flaschenetiketten, Sitzwürfel ... Inzwischen gibt es neben der Internetpräsenz auch 20 Ladengeschäfte mit persönlicher Beratung für individuelle Aufträge. Mit bis zu 10 000 Aufträgen täglich beschäftigt das Unternehmen über 1500 Mitarbeiter und erwirtschaftete im Jahr 2011 rund 250 Millionen Euro Umsatz. Damit ist es die größte Online-Druckerei Deutschlands. Flyeralarm hat Niederlassungen in Österreich, Spanien, Italien, Großbritannien, Polen und den Niederlanden. Bei mehreren Länderspielen der Fußball-Nationalmannschaft 2011 prangte der Name »flyeralarm« auf der Bande. Ein Riesenerfolg.

Was genau ist der Clou daran? Thorsten Fischers Innovationskraft bestand nicht nur darin, schneller zu sein als alle anderen Druckanbieter. Auch nicht nur in der raschen und zuverlässigen Kommunikation und Dienstleistung. Sie begann mit dem Mut, Druckkapazitäten zu buchen, bevor er überhaupt die Aufträge dazu hatte. Damit trug er ein Risiko. Wenn er niemanden gefunden hätte, der Flyer drucken lassen will, wäre er auf den Kosten sitzen geblieben. Aber er verließ sich darauf, dass der Bedarf da war. Er behielt Recht.

Es geht nicht nur darum, wie man die Dinge tut. Sondern darum, was man überhaupt tut. Oder ganz theoretisch ausgedrückt: Effizienz ist nur die halbe Miete. Effektivität ist der Schlüssel! Effekt. Wirkung. Ergebnis. Einen Riesenerfolg kann der verbuchen, der als erster die Bedürfnisse der Kunden erkennt. Und erfüllt. Als erster, das heißt in diesem Fall nicht: reagieren, sobald ein Bedürfnis sichtbar wird. Das wäre zu langsam.

> Effizienz ist nur die halbe Miete. Effektivität ist der Schlüssel!

Stellen Sie sich einmal vor, ein Unternehmen reagiert, sobald ein Kunde sein Bedürfnis zeigt, also einen Auftrag erteilt. Familie Maier möchte für ihre neue Wohnung einen Vorhang fertigen lassen. Kaum hat Innenausstatter Schmidt den Auftrag notiert, bestellt er den gewünschten Stoff und das Raffband beim Produzenten und richtet eine Anfrage an seine Schneiderin, wann sie Zeit habe. Sie ist aber gerade im Urlaub, deshalb muss Schmidt nach einem Ersatz suchen. Nach drei Tagen hat er die Zusage der Schneiderin aus dem Nachbarort: Sie hat in zehn Tagen Zeit und nennt ihre Preise. Jetzt kann der Innenausstatter Familie Maier einen Kostenvoranschlag machen. Eine Woche später kommt der Stoff, und eine weitere Woche später sind die Vorhänge genäht.

Obwohl Schmidt sofort *reagiert* hat, also sofort nach der Anfrage der Familie in Aktion getreten ist, fühlt sich der Vorgang für Familie Maier so an, als ob sich Schmidt drei Tage damit Zeit lässt, überhaupt zu antworten, und noch mal zwei Wochen mit der Lieferung – für ein Produkt, dessen tatsächliche Fertigung vielleicht zwei Stunden dauert. »Da gehen wir nicht mehr hin. Der braucht ja ewig. Hat's wohl nicht nötig«, sagt sich Familie Maier.

Reagieren bedeutet, erst zu handeln, wenn der Anlass dazu da ist. Wenn ein Kunde etwas bestellt, dann organisiert das Unternehmen das Material. Wenn die Nachfrage die vorhandenen Kapazitäten übersteigt, dann erst werden neue Mitarbeiter eingestellt und eingearbeitet. Wenn Kundenumfragen ergeben, dass Elektroautos gefragt sind, werden Ingenieure auf deren Konstruktion angesetzt. Das Unternehmen handelt also nach dem Wenn-dann-Prinzip. Und das bedeutet automatisch Verzögerung.

Wer dagegen ein Kundenbedürfnis sofort erfüllen will, der muss schon darauf vorbereitet sein, bevor es sichtbar wird. Um dem Interessenten tatsächlich sofort nach seiner Anfrage ein Angebot machen zu können, müsste der Innenausstatter die Kalkulation schon als Vorlage im Rechner gespeichert haben und nur noch ein paar Parameter eingeben; er müsste das Material auf Lager, den »Bauplan« in der Tasche und die Manpower zur Verfügung haben. Das gilt in jeder Branche.

Was für den Kunden nach sofortiger Reaktion in Echtzeit aussieht, ist also vorausgreifendes Handeln. Proaktiv, nicht reaktiv.

Es geht noch weiter. Die wirklich vorausschauenden Unternehmer bereiten sich darauf vor, Bedürfnisse zu erfüllen, von denen die Kunden nicht einmal wissen, dass sie sie haben. Wer nachts nach der Party sicher heimkommen will, ruft normalerweise die Taxizentrale an. Das System scheint völlig ausreichend – bis man von der Taxiruf-App »MyTaxi« erfährt: Sie ortet das nächstgelegene freie Taxi, dessen Fahrer die App auch hat, und lotst ihn zum Kunden. Selbst wenn der nicht sagen kann, in welcher Straße er gerade steht: Das GPS seines Smartphones weiß es. Kein Suchen mehr, reduzierte Wartezeiten, geringere Vermittlungsgebühren für den Taxifahrer. Das Konzept ist so erfolgreich, dass es schon mehrfach kopiert wurde. Aber vor seiner Entwicklung war der Bedarf Null.

Es braucht also visionäre Unternehmer. Solche mit einer ganz bestimmten Denkweise:

»Der Bedarf für meine Geschäftsidee wird riesig sein, deswegen investiere ich jetzt schon in eine tragfähige Firmenstruktur.«

»Bis Ende nächster Woche werden wir 15 Neukunden akquiriert haben, also beauftrage ich jetzt schon einen Berater mit ihrer Betreuung.«

»In einem Jahr wird unser Umsatz um 20 Prozent gestiegen sein, also stelle ich schon in einem halben Jahr neue Mitarbeiter ein, damit sie eingearbeitet sind, wenn sie gebraucht werden.« Und nicht erst dann.

»Bis in einer Woche werde ich genügend Druckaufträge eingeworben haben, deswegen buche ich jetzt schon die entsprechende Kapazität in der Druckerei.«

Diese vorausschauende Denkweise nennen wir das Futur-II-Prinzip: Der Unternehmer denkt in der Vorzukunft. Er denkt darüber nach, welche Dinge bis zu einem gewissen zukünftigen Zeitpunkt geschehen sein werden. Dann handelt er jetzt schon so, als ob sie mit Sicherheit eintreffen werden. Der Clou an der Sache ist: Dadurch schafft er erst die Voraussetzungen dafür, dass diese Zukunft eintreten kann.

Futur-II-Prinzip: Der Unternehmer denkt in der Vorzukunft.

Ist das nicht Planwirtschaft? Schreibe ich nicht meinen Kunden vor, was sie zu wollen haben?

Sich auf jeden denkbaren Bedarf vorzubereiten, ist unmöglich. Keine Bäckerei kann von jeder Brotsorte genug auf Lager haben, um damit sämtliche Kunden zu versorgen, sollten plötzlich alle Ciabatta wollen. Also backt sie das übliche Sortiment – und wer kurz vor Feierabend kommt und eine exotische Brotsorte haben will, hat Pech gehabt. In anderen Branchen ist es genauso. Kaum ein Sanitärinstallateur kann rund um die Uhr einen Bereitschaftsdienst einrichten, falls ein Kunde einen Wasserrohrbruch hat und dringend Hilfe braucht – was einmal alle zwei Monate vorkommt. Also sind die Installateure zu den üblichen Geschäftszeiten da. Wer nachts um drei Uhr feststellt, dass ihm das Wasser aus der Wand läuft, muss selbst den Haupthahn abdrehen und bis zum nächsten Morgen warten.

Trotzdem: Mit Planwirtschaft hat das nichts zu tun. Die Bundesregierung schreibt ja nicht wie in der DDR willkürlich vor, woran der Kunde sich halten muss. Sie hindert auch kein Unternehmen daran, etwas anzubieten, was außerhalb des Üblichen liegt. Es ist kein Zwang da, nur Marktmacht: Wer dauerhaft Dienstleistungen und Produkte bereithält, die fast nie gebraucht werden, verliert seine Investition und geht Pleite.

Daher beobachtet der Unternehmer die Bedürfnisse der Kunden und entwickelt sein Angebot entsprechend. Falls er feststellt, dass der vermutete Bedarf gar nicht existiert, ist er jederzeit bereit, seine Vorannahmen anzupassen. Und sein Verhalten entsprechend. Der Unterschied des Futur-II-Prinzips zur Planwirtschaft ist die Flexibilität.

Der Unterschied des Futur-II-Prinzips zur Planwirtschaft ist die Flexibilität.

Natürlich bleibt ein gewisses Risiko bestehen. Die bereits getätigten Investitionen sind auch bei rascher Anpassung verloren, falls die Voraussage nicht eintritt. Aber falls sie eintritt, und der Unternehmer der erste ist, der sich darauf vorbereitet hat, dann erschließt er sich ein ganz neues Marktfeld. Die rasanten Umsätze, die dadurch möglich werden, kompensieren die Fälle, in denen die Voraussage nicht eingetreten ist, bei Weitem.

Sind also die Visionäre die Champions? Menschen, die so aufmerksam und sensibel sind, dass sie Trends kommen sehen: Ist es das, was einem Unternehmen explosiven Erfolg bringt? Ja und nein.

Live. Echtzeit.

Drei Elemente muss ein Champion miteinander verbinden: visionäre Grundhaltung und deren Anwendung in Tempo und Koordination. Es ist also ein Prinzip, das alles durchdringt. Wir nennen es das Echtzeit-Prinzip.

Echtzeit ist ein Begriff, der in der Datenverarbeitung und der Kunst gängig ist. In der Datenverarbeitung bedeutet er, dass Programme ohne spürbare Verzögerung ablaufen. Echtzeit-Filme und -Romane haben den Anspruch, dass die Zeit, die zum Schauen oder Lesen gebraucht wird, der Zeit der Handlung entspricht. Bekannte Beispiele dafür sind die TV-Serie *24* oder der Roman *Ulysses* von James Joyce. In Echtzeit-Strategiespielen auf dem PC ziehen alle Spieler ihre Figuren unmittelbar und gleichzeitig – im Gegensatz zu Spielen wie Schach, wo man abwechselnd und nach einer Bedenkzeit zieht.

Das Echtzeit-Prinzip in einem Unternehmen anzuwenden heißt: Es gibt keine Zeitverzögerung. Kein »das haben wir im Moment nicht auf Lager, aber ich kann es Ihnen gerne bestellen«. Kein »das bearbeite ich, sobald ich Zeit dafür habe«. Kein »ja, wir arbeiten an der Entwicklung, in zwei Jahren haben wir genau das, was Sie wünschen«. Kein »sobald mein Kollege seinen Anteil erfüllt hat, mache ich am Projekt weiter«. Echtzeit ist jetzt. Die Anfrage wird jetzt bearbeitet, die Anforderung jetzt erfüllt – weil der Unternehmer sie schon vorher vorausgesehen und sich so organisiert hat, dass er sofort darauf eingehen kann.

Live. Echtzeit.

Das Echtzeit-Prinzip sieht unscheinbar aus. Aber es durchdringt alles. Es erfordert radikales systematisches Denken. Nur ein ganz neues Unternehmenskonzept und eine neue Produktphilosophie ermöglichen, die Kundenbedürfnisse vorherzuahnen. Um Konzept und Philosophie zu verwirklichen, braucht es eine durchdachte Strategie. Die Unternehmensstruktur und die Prozesse müssen darauf ausgerichtet werden. Das verändert wiederum die Arbeitsbedingungen der Mitarbeiter, die Art der Mitarbeiterführung, die Hierarchien. Die neuen Prozesse haben Auswirkungen auf die Qualität von Produkt und den Kundenservice. Der Kundenkontakt wird nicht nur beschleunigt, sondern ganz anders organisiert und mit einer anderen Grundeinstellung angegangen. Alles ist im Fluss.

Nur im Gesamtzusammenhang führt das Echtzeit-Prinzip auf die Überholspur, wo die Champions die Guten hinter sich lassen – und auch die Nachahmer. Weiter als die Trittbrettfahrer bringt Sie es, wenn Sie immer »auf Empfang« sind, um auf neue Entwicklungen und Wünsche reagieren zu können – so schnell, dass es wie agieren wirkt.

Sicher. Dieser Weg zum Champion ist kein leichter. Und riskant ist er auch. Wer garantiert denn, dass die Qualität dann noch stimmt? Dass die Kunden wirklich das wollen, was das Unternehmen vorausschauend anbietet? Dass die Mitarbeiter bereit sind, in den veränderten Strukturen zu arbeiten, und dass die veränderten Hierarchien und Prozessabläufe das Unternehmen nicht ins Chaos stürzen?

Ein Echtzeit-Unternehmen aufzubauen und zu führen ist Champions-League.

Wir wollen Ihnen nichts vormachen: Ein Echtzeit-Unternehmen aufzubauen und zu führen ist Champions-League – nicht Bundesliga. Mit einem etwas besser geschulten Kundenservice ist es nun mal nicht getan.

Wir möchten aber auch nicht, dass Sie uns missverstehen: Ein guter Kundenservice, eine hohe Kosteneffizienz in der Produktion, das Optimieren von Nettobearbeitungszeiten in Prozessen – all das ist nicht schlecht, sondern gut! Aber es ist Mainstream. Sie können das in jedem Business-Ratgeber lesen. Uns geht es in diesem Buch nicht darum, dem zu widersprechen. Wir haben nur darüber hinaus ein Prinzip entdeckt, das unserer Meinung nach landläufig massiv unterschätzt wird. Dieses Prinzip macht – richtig angewendet – radikal erfolgreich. Und auch Sie können es anwenden ...

- Manchmal muss man die Effizienz des Einzelnen reduzieren, um die Gesamteffektivität zu erhöhen.

- Wie gewinnt man Kunden? Mit Schnelligkeit, Verbindlichkeit und Zuverlässigkeit.

- Unternehmenskommunikation bedeutet, Berührungspunkte zwischen Unternehmen und Kunden reibungslos zu gestalten.

- Ein gut koordiniertes Unternehmen funktioniert mit nahtlosen, gut vorbereiteten Übergaben.

- Das Echtzeit-Unternehmen denkt in der Vor-Zukunft.

6 Beta-Version

Als eines Morgens um sieben Uhr das Telefon klingelte, wussten wir sofort, dass etwas mächtig schiefgelaufen war. Am Apparat war eine Kundin, deren Tonfall bereits bei der Begrüßung klar machte: Ich habe ein Hühnchen mit euch zu rupfen!

Was war passiert?

In unserer Akademie bieten wir ja Lehrgänge an, die mit einer bundeseinheitlichen IHK-Prüfung abgeschlossen werden. Ein solches Produkt muss natürlich qualitativ 1A sein. Wann immer wir neue Lehrgänge anbieten, machen wir deshalb noch vor der Konzeption eine Basisanalyse. Wir prüfen genau die Anforderungen an die Studenten, verschaffen uns einen Überblick über die Inhalte, die laut Rahmenstoffplan von der IHK vorgegeben sind, und wägen ab, ob wir diese Inhalte auch bereitstellen können.

Hin und wieder ändern sich jedoch die Verordnungen. Diese Situationen sind für uns ziemlich tricky. Da wir mit unserem Konzept besonders schnell sind – in der Regel sparen wir 50 Prozent der Lehrgangszeit im Vergleich zu anderen Anbietern –, bedeutet dies auch, dass wir für die Umstellung und Neuentwicklung unserer Lernmaterialien auch nur die Hälfte der Zeit zur Verfügung haben. Sprich: Wir müssen extrem schnell reagieren und die Lehrgänge aktualisieren. Wie vor einigen Monaten, als für den Lehrgang Fachwirt im Gesundheits- und Sozialwesen ein neuer Rahmenstoffplan herausgegeben wurde. Innerhalb kürzester Zeit hat unsere Mannschaft die Inhalte komplett umgestrickt und den Lernfokus neu justiert, um sie an die Zielvorgaben anzupassen.

Mit raushängender Zunge haben wir es geschafft, das neue Material rechtzeitig zum Start des neuen Lehrgangs herauszugeben und an die Kunden zu verschicken. Ein Folder aus Skripten, Karteikarten und eigens produzierte Audio-Books. Auch wenn es sich, wie bei uns üblich, natürlich um eine Beta-Version handelte, da ein Testunterricht mit den Unterlagen in der Kürze der Zeit nicht mehr möglich war. Die ersten Rückmeldungen zeigten zufriedene Kunden. Uff, die Umstellung mit der heißen Nadel war reibungslos über die Bühne gegangen.

Dachten wir.

Bis wir an dem besagten Morgen um sieben Uhr die aufgebrachte Kundin in der Leitung hatten: »Die Karteikarten sind teilweise völlig falsch nummeriert«, beschwerte sie sich. »Noch dazu steht auf drei Karten die Antwort auf der Frageseite, und umgekehrt! Das ist einfach inakzeptabel, das muss ich reklamieren!«

Ups, da ist etwas mächtig in die Hose gegangen. Was tun? – Na was wohl? Sofortreaktion! Alle Karten überprüfen, Druckerei anrufen, fehlerhafte Karten neu produzieren, kostenlos austauschen und zackig an alle Kunden verschicken. Das ganze Programm eben.

Wir entschuldigten uns schriftlich und mündlich und ließen den Kunden als kleine Entschädigung Extra-CDs für die Prüfungsvorbereitung zukommen. Die aufgebrachte Kundin rief daraufhin sogar noch einmal zurück, um sich für den Service zu bedanken.

Also ein erfreulicher Abschluss der Sache?

Noch nicht ganz!

Denn nun ging der Trubel bei uns sogar erst richtig los. Schließlich waren wir es gewesen, die die Sache verbockt hatten. Also mussten wir schleunigst herausbekommen, wie wir in Zukunft Fehler dieser Art vermeiden und Qualität gewährleisten konnten.

Bei der genauen Prüfung der Lernkartei stellte sich heraus, dass immer zwei Karten richtig und zwei falsch nummeriert waren. Ein Software-Fehler. Also ein systemisches Problem!

Dem Kunden eine schnelle Lösung für das Problem bereitzustellen, war nur der erste, dringende Schritt – zu diesem Zeitpunkt wäre es auch kaum zielführend gewesen, gründlich nach der Ursache des Fehlers zu forschen. Stattdessen folgte die exakte Problemanalyse später. Und die führte letztlich auch zu einer langfristigen systemischen Lösung.

Wann immer wir diese kurze Anekdote in Lehrgängen und Vorträgen erwähnen, ähnelt sich die spontane Reaktion des Publikums. Die Augenbrauen gehen hoch, manch einer räuspert sich, irgendwo scharrt jemand peinlich berührt mit den Füßen. Auf jeden Fall blicken uns zig verdutzte Augenpaare an, deren Besitzern ins Gesicht geschrieben steht, dass sie uns entweder für reichlich unprofessionell halten oder für … adrenalinsüchtig.

Nach dem Motto:

»Das kann man doch nicht machen!«

»Das Produkt ist ja nur halbfertig!«

»Wie kann man Geld für eine Leistung verlangen, in der noch Fehler stecken?«

»Da steht doch der Ruf des Unternehmens auf dem Spiel!«

»Das ist ja total fahrlässig. Und die machen es im daily business?«
Ehrlich gesagt: Wir verstehen diese Skepsis ü-b-e-r-h-a-u-p-t nicht.

Schließlich ist genau diese Strategie ein wesentlicher Faktor des Echtzeit-Prinzips: Mit einem neuen Produkt, einer neuen Dienstleistung, einem neuen Servicekonzept so früh wie irgend möglich auf den Markt zu gehen. Nicht erst, wenn die Entwicklung zu 100 Prozent abgeschlossen ist. Sondern direkt im Beta-Stadium.

Kein Schleifendrehen bei neuen Produktideen. Die Produktidee bereits innerhalb des Betriebs Kollegen und Teams aus anderen Abteilungen vorzustellen – was natürlich im Einzelfall auf die Branche und das jeweilige Produkt ankommt. Gerade im technischen Bereich täte es manchem Projekt sehr gut, wenn es die Entwicklungsabteilung frühzeitig verließe, damit andere Abteilungen – sagen wir, der Vertrieb – es auf Herz und Nieren prüfen können. Acht Augen sehen mehr als vier. Und verschiedene Blickwinkel sind manchmal nötig, um Probleme zu lösen, bevor sie überhaupt entstehen.

Eigentlich ist das mit den Beta-Versionen in erster Linie Kopfsache. Und die Sache spielt sich oft im Kopf des Unternehmers oder des Entwicklers ab. Lachen Sie nicht, hochorganisierte Industriebetriebe tun sich unserer Erfahrung nach viel leichter damit! Es sind eher die kleinen Unternehmen, die zögern und zaudern. Schon die Vorstellung, ihre Kunden mit etwas »Unfertigem« zu behelligen, beschert dem per Definition ambitionierten Unternehmer Bauchgrimmen. Er versetzt sich in die Lage des Kunden. Und bekommt die Krise.

Klar. Verständlich. Wenn Sie im Küchenstudio viel Geld für Ihre neue Kochinsel ausgeben, würden Sie sich auch ärgern, wenn die Fettspritzer nach nur einer Woche nicht mehr von der Edelstahloberfläche wegzukriegen sind. Dann bleiben Sie auf einer individuell gefertigten Kochinsel mit Schönheitsfehlern sitzen, die man höchstens einer IKEA-Küche von der Stange verzeihen würde. Eine nagelneue, individuell angefertigte Küche tauscht man aber nach zwei Jahren nicht schon wieder aus. Schöne Bescherung!

Nach diesem Prinzip richten auch Unternehmer ihre Denkweise aus: Die Kunden setzen auf Sicherheit. Das Produkt, das sie teuer erstehen, soll gefälligst halten, was der Kundenberater verspricht. Das gilt natürlich umso mehr für Produkte mit hoher Gebrauchsdauer. Wer will schon bei einem Küchenherd, bei der Waschmaschine oder beim Designer-Einbauschrank auf Perfektion und optimale Standards verzichten? Und wie vertrauenserweckend ist es, viel Geld für hochqualitative Dienstleistungen auszugeben, und festzustellen, dass das Unternehmen bei den Basics geschlampt hat?

> Einen reinen Entwurf einfach mal so auf den Markt zu schmeißen, ist tatsächlich unternehmerischer Selbstmord.

Okay. Lassen Sie uns zur Abwechslung mal langsam machen. Einen reinen Entwurf einfach mal so auf den Markt zu schmeißen und ihn als *die* Innovation oder *den* Long- oder Bestseller zu verkaufen, der schon seit Jahren hinfällig ist, mit einem üblichen Marktpreis, ist tatsächlich unternehmerischer Selbstmord. Da ist die eigene Marke schneller auf dem Abstellgleis, als man »Beta« sagen kann.

Aber lassen Sie uns die Sachlage mal nüchtern betrachten. Ein Prototyp – das kennen wir doch alle. Mit anderen Worten: Die Idee von der »Beta-Version« ist gar nicht so entfernt von einem Konzept, das in bestimmten Branchen schon praktiziert wird. Mit Erfolg.

Dass Unternehmen hin und wieder ihre Produkte aufmöbeln oder sogar runderneuern, ist selbstverständlich. Dass sie das nicht einfach am grünen Tisch machen, auch. Dass Unternehmen dabei alles dransetzen, um die Wünsche ihrer Kunden in die Produktentwicklung mit einfließen zu lassen, ist auch nichts Neues. Wozu gibt es schließlich Kundenbefragungen, Marktforschung, Big Data? Und zwar schon Jahrzehnte! Daran ist auch nichts Beängstigendes, sondern es gehört zum Business dazu wie das stille Wasser zum Espresso. Der einzige Punkt ist, dass Arbeit mit Beta-Versionen den Kunden deutlich früher und deutlich stärker in die Produktentwicklung einbindet. Wieso? Na, schauen Sie doch selbst ...

Coke II, Laborratten und Brotbackautomaten

> In den frühen 1980er Jahren kam der Coca-Cola-Konzern auf eine Wahnsinnsidee: Eine neue Geschmacksrichtung für sein beliebtestes Limonadengetränk. Mit dieser Lösung wollte der Konzern sich gegen sinkende Verkaufszahlen der eigenen Produkte und gegen das unaufhalt-

same Wachstum des Konkurrenten Pepsi behaupten. In Blindtests wurden 190000 Verbraucher dazu befragt. Resultat: Die meisten bewerteten den neuen Geschmack als ausgezeichnet.

Die »New Coke«, wie das Produkt inoffiziell genannt wurde, kam im April 1985 in die Läden. Und sollte als die bessere Variante die Original-Cola ablösen. Nach erfolgreich angelaufener Produkteinführung fing Coca Cola an, die herkömmliche Cola vom Markt zu nehmen.

Immer noch eine gute Idee?

Innerhalb weniger Wochen verdreifachte sich jedenfalls die Anzahl der Anrufe bei der Kundenhotline von Coca-Cola. Allerdings aus anderen Gründen, als erwartet. Völlig in Panik bestellten alle Getränkehändler die gute alte »Coke«, die Verbraucher kistenweise in ihren Kellern bunkerten. Der CEO des Konzerns erhielt sogar wüste Drohanrufe.

Kurzum: Die Kunden waren entsetzt. Und boykottierten das neue Produkt.

Donald Keough, Präsident des Coca-Cola-Konzerns von 1981 bis 1993, fasste die Moral von der Geschichte in einer Pressekonferenz so zusammen: »... that all the time and money and skill poured into consumer research on the new Coca-Cola could not measure or reveal the deep and abiding emotional attachment to original Coca-Cola felt by so many people.« Grob übersetzt: Keine noch so teure und gewissenhafte Form der Marktforschung hätte jemals die starke emotionale Bindung amerikanischer Verbraucher zur Original-Cola feststellen können.

Nicht zuletzt deshalb war diese schon im Juli 1985 als »Classic Coke« wieder zurück in den Regalen. Und das ist sie bis heute. »New Coke« oder »Coke II«, wie das umstrittene Produkt später genannt wurde, ist dagegen längst vom Markt verschwunden.

Der Grund, warum Marktforschung aus unserer Sicht überhaupt nicht reicht, um die Kundenwünsche in die Produktentwicklung einfließen zu lassen, ist: Die Marktforschung arbeitet mit Umfragen, sprich: Es ist eine künstlich geschaffene Testsituation. Aber Kunden verhalten sich vor den Regalen im Laden komplett anders, als sie es im Rahmen von Marktstudien behaupten. Deshalb wird die Marktforschung es nie schaffen, 1:1 vorauszuahnen, was auf dem Markt in Zukunft geht und was nicht.

Der Kunde verhält sich am Küchentisch nun mal anders als im Test. Oder anders gesagt: Der Kunde ist keine Laborratte!

Kunden sind nun mal keine Laborratten!

Dieser Umstand ist Wissenschaftlern durchaus seit Längerem bewusst. Sie versuchen, ihn mittels moderner Technik zu kompensieren, genauer gesagt, über die Computersimulation. Der verdanken wir schließlich in weiten Teilen unser Wissen über Vergangenheit und Zukunft. Wie morgen das Wetter wird, wie das Universum entstanden ist, wie sich die Weltbevölkerung in den nächsten fünf Jahrzehnten entwickeln wird: All das wäre ohne leistungsfähige Rechner und ausgefeilte Simulationsprogramme reines Kaffeesatzlesen geblieben.

Mittlerweile gibt es auch die »Testmarktsimulation«. Na großartig. Da werden ein paar Hundert Leute eingeladen, die sich in virtuellen Läden Produkte aussuchen sollen. Vor dem Computerbildschirm. Manchmal sind die Läden und Produkte auch »echt«, soll heißen, für den Versuch werden Kulissen aufgebaut und Attrappen in Regalen drapiert, aus denen sich die Testkunden bedienen dürfen. Das eigentliche Analyseverfahren übernimmt dann allerdings wieder der Computer.

Kein Wunder, dass die Testmarktsimulation im Consumer-Bereich so beliebt ist: Zum einen erfordert das Verfahren bei weitem nicht so enorme Aufwendungen wie ein waschechter Markttest, ist also kostengünstig. Zum anderen geht es um einiges schneller über die Bühne: einige Wochen Testsimulation statt mindestens ein halbes oder ganzes Jahr klassischer Markttest, manchmal auch länger. Der entscheidende Vorteil ist aber: Die Konkurrenz bekommt keinen Wind davon, woran man gerade so tüftelt.

Aber sind die Ergebnisse einer Testmarktsimulation auch valide – und auf den eigentlichen Markt da draußen übertragbar? Das Beispiel von Coca-Cola lehrt uns: Nein, sind sie nicht. Zumindest kann der Schuss gewaltig nach hinten losgehen.

Wäre es dann nicht effektiver, doch mehr Geld zu investieren und einen richtigen Markttest durchzuziehen? Die Daten von genügend echten, ahnungslosen Kunden müssten doch im Grunde reichlich Aufschluss darüber geben, was am Markt *wirklich* funktioniert – und was nicht. Die Qualität der Testergebnisse müsste deutlich über dem liegen, was die Testmarktsimulation vermeintlich offenlegt.

Tja, wenn es so einfach wäre ...

Osterferien 2014. Wir besuchen alte Freunde, die mit ihrem Nachwuchs ein neues Domizil im südlichen Rheinland-Pfalz bezogen haben. Der Name der Gemeinde ist nicht unbedingt der schönste: Haßloch. Der Ort ist mit knapp unter 20 000 Einwohnern gerade noch als Kleinstadt zu bezeichnen. Er liegt wenige Kilometer südwestlich des Ballungszentrums Mannheim-Ludwigshafen.

In Haßloch gibt es viel zu sehen. Jede Menge Fachwerkhäuser aus dem 18. und 19. Jahrhundert, stellenweise datiert die Bebauung sogar bis ins 16. Jahrhundert zurück. Das älteste Wohnhaus, erbaut 1599, ist heute als Heimatmuseum und Kulturzentrum der Öffentlichkeit frei zugänglich. Aber auch Kirchen, unscheinbare Torpfosten und sogar ein bestimmter Kilometerstein an einer Landstraße im Umkreis der Stadt bergen manch historisches Geheimnis.

Nach einer ausgiebigen Ortsführung durfte ein Besuch im »Holiday Park«, einem riesigen Vergnügungspark mit Achterbahn, Wildwasseranlage und Freefall-Tower, natürlich nicht fehlen. Dort können sich vor allem Kinder so richtig austoben. Als Hobbyreiter wollten wir uns die Pferderennbahn danach auch nicht entgehen lassen.

Neben dem privaten Vergnügen war es aber auch berufliches Interesse, das uns nach Haßloch zog. Die Stadt hat eine bedeutende wirtschaftliche Geschichte – im hier ansässigen Werk des Getränkedosenherstellers »Ball Packaging Europe« wurde beispielsweise die weltweit erste 0,5-l-Bierdose hergestellt. Nicht zuletzt gibt es den Testmarkt der Gesellschaft für Konsumforschung. Weshalb kein Besucher Haßlochs es versäumen darf, einen Supermarkt aufzusuchen.

Wer in Haßloch einkaufen geht, muss damit rechnen, in seinem Einkaufskorb ein bundesweit völlig einmaliges Produkt vorzufinden. Eins, dass es nur wenige Wochen gibt – und dann nie mehr. So wie unsere Freunde, deren Kinder ganz wild auf eine bestimmte neue Müslisorte waren. Bis sie eines Tages für immer aus dem Sortiment verschwand.

In Haßloch werden Produkte getestet, bevor sie deutschlandweit in den Handel kommen. Für eine befristete Zeit liegen sie in den Läden aus. Verkaufen sie sich gut, gehen sie in die Massenproduktion. Erweisen sie sich als Ladenhüter, werden sie gecancelt, noch bevor sie wirklich marktreif sind.

Der Testmarkt beschränkt sich nicht nur auf die örtlichen Läden, sondern erstreckt sich bis in die Wohnzimmer der Bevölkerung hinein. Nicht ohne Stolz zeigen uns unsere Freunde die spezielle Haßlocher Ausgabe der »Hörzu«: Auf Seite 35 wird für einen Milka-Schokoriegel geworben, den wir noch nie gesehen haben. Auf derselben Seite, so unsere Freunde, wirbt die »normale« Ausgabe der Zeitschrift für ein Parfum von Giorgio

Armani. Neben dem Fernsehgerät steht eine unscheinbare schwarze Box, die über ein paar Strippen mit dem Receiver verkabelt ist. Unsere Freunde klären uns auf: Die GfK überblende reguläre Werbung hin und wieder mit eigens gedrehten Werbespots für Testprodukte, die es nur in Haßloch zu kaufen gibt.

Kein Scherz!

Haßloch funktioniert als Testmarkt – schon allein deshalb, weil die Bevölkerung der Stadt repräsentativ ist für alle Sinus-Milieus in der Bundesrepublik. Der Universitätsprofessor geht ebenso im Haßlocher Supermarkt einkaufen wie der Fließbandarbeiter. Altersmäßig halten sich Jugendliche und Best Ager die Waage. Auch in weiteren demographischen Kategorien liegt Haßloch sehr nah am bundesdeutschen Durchschnitt. Und die Daten, die die GfK hier sammelt, decken sich zu 90 Prozent mit den Ergebnissen späterer Marktforschung.

Na, super, dann ist ja alles paletti! Wir als Unternehmer brauchen nur noch kräftig in die GfK zu investieren, und ein halbes Jahr später kriegen wir dafür vielversprechende Zahlen zu unserer neuesten Innovation, die gerade in den Startlöchern steht.

Schön und gut. Aber auch das reicht uns noch nicht. Haßloch mag ein repräsentativer Testmarkt sein, aber regionale Unterschiede in Bezug auf Altersgruppen, Gesellschaftsschichten, deren Einkommen und Lebensstil kann dieser Testmarkt per se nicht abdecken. Sprich: Auch wenn die Simulation wirklich perfekt ist – die Realität ist es trotzdem noch nicht.

Ein Echtzeit-Unternehmen geht deshalb einen Schritt weiter. Es testet neue Ideen nicht nur am echten Markt und mit echten Menschen, sondern es achtet auch darauf, dass dieser Markttest nicht in einer abgeschotteten Blase stattfindet.

»Warum bieten wir als Discounter eigentlich nicht auch frisches Brot und Brötchen an?«, dachte sich vor ein paar Jahren ein Mitarbeiter bei Aldi Süd. »Das wär' doch die Idee!«

Mit rund 1800 Geschäftsstellen in Deutschland verfügt allein Aldi Süd über ein riesiges Filialnetz. Und damit über reichlich Kapazitäten für das

Testen neuer Marktkonzepte. In der Führungsriege fiel der clevere Einfall auf fruchtbaren Boden. Die Entscheidung, eine Testphase zu starten, war schnell getroffen. Man wählte ein paar Filialen aus und fragte bei mehreren Maschinenbau-Betrieben wegen der technischen Hürden an.

Wenige Monate später war es so weit: In den ausgewählten Filialen wurden insgesamt vier verschiedene Hightech-Brotbackautomaten installiert.

Der Kunde sah in der Regel nur die Front der Maschine. Er drückt auf ein Knöpfchen, und kurz darauf kann er seine frischen Backwaren aus dem Ausgabeschacht holen. Dahinter aber steckt eine Menge Technik. Die gewünschten Teigrohlinge werden in einem großen Raum maschinell ausgewählt, gebacken und zur Ausgabe transportiert. All das unter hohen Hygiene- und Qualitätsstandards.

Die Testreihe in den Filialen mit vier Beta-Brotbackautomaten erstreckte sich über ein ganzes Jahr. In dieser Zeit bekam die Geschäftsführung schnell und unmittelbar Rückmeldung: Wie reagieren die Kunden? Nehmen sie die neue Möglichkeit, sich frisches Brot zu backen, auch wahr? Funktionieren die Brotbackautomaten wie gewünscht? Gibt es Verbesserungsbedarf?

Bei zwei Modellen stellte sich heraus, dass sie für den Dauerbetrieb ungeeignet waren. Am Ende der Testphase blieb nur eine Maschine übrig, die für den großen Launch in Frage kam. Aldi Süd entschied sich, die große Investition in Hightech-Brotbackautomaten für alle 1800 Filialen ganz Deutschland zu tätigen.

Mit Erfolg!

Grundsätzlich geht die Firma Aldi übrigens immer mit solchen »Storetests« vor. Ideen für neue Produkte werden erst in einzelnen oder wenigen ausgewählten Filialen testweise eingeführt; im laufenden Betrieb wird, wo nötig, nachgebessert und das Produkt optimiert; und wenn das Produkt dann weiterhin erfolgreich ist, erfolgt der bundesweite Roll-out.

Jetzt sehen Sie sicherlich besser, warum wir die Arbeit mit Beta-Versionen gar nicht für gewagt halten. Obwohl der Feldversuch mit den Brotbackautomaten bei Aldi in Echtzeit und mit wirklichen, zahlenden Kunden durchgeführt wurde, war das Risiko für den Konzern verhältnismäßig gering. Mit ein paar zu teigig geratenen Brezeln oder ein paar verkohlten Mohnbrötchen hätte sich ein Discounter wie Aldi niemals den kompletten Ruf ruiniert – bei 20 von 1800 Geschäftsstellen, also gerade mal 1 Prozent der Filialen.

Außerdem war die Möglichkeit, dass jemand durch einen der Brotbackautomaten zu Schaden kommt, völlig ausgeschlossen. Das ist auch die grundsätzliche Einschränkung bei allen Tests am echten Menschen: Niemand darf verletzt werden. Das Risiko für Leib und Leben muss gleich Null bleiben. Unser Tipp: Versuchen Sie es bitte nicht mit Pharma- und anderen Medizinprodukten! Die übliche Praxis in diesen Branchen ist schon notwendig: Erst wenn ein neuer Wirkstoff sehr weit entwickelt ist und sich im Tierversuch keine fatalen Nebenwirkungen herausgestellt haben, geht das Medikament in die klinischen Tests.

Eigentlich selbstverständlich, oder?

Leider nicht immer ...

Beta als Lebensretter

Die Frau stellt sich entspannt hin und rückt ihr Kleid etwas zurecht. Sie lächelt. Dann hält sie sich die Glasplatte wieder vors Gesicht und nickt den Testschützen zu.

»Feuer!«

Die Frau muss eine Ausgleichsbewegung machen, so heftig ist der Einschlag der Kugel in die Scheibe. Feine Glaspartikel spritzen zur Seite weg. Ein Muster von Rissen zieht sich über die getestete Glasplatte wie ein Spinnennetz. Aber sie hat dem Schuss standgehalten.

»Okay, nächster!«

Der zweite Testschütze feuert drei Mal auf die Scheibe, die ihm die Frau mit beiden ausgestreckten Armen entgegenhält. Einmal kippt ihr die Wucht des Einschlags die scharfkantige Ecke der Scheibe fast ins Auge. Doch auch mit fünf Einschlagstellen ist das Glas immer noch ganz.

Erneut hebt die Frau die Glasplatte in die Höhe, und der nächste Schütze legt auf sie an.

Peng! Peng! Peng!

Die Scheibe hält, auch wenn man mittlerweile vor lauter Rissen und Sprüngen kaum mehr hindurchsehen kann. Lächelnd winkt die Frau in die Kamera, während ihr ein Assistent eine neue Glasplatte bringt und der nächste Schütze das Gewehr nachlädt ...

Moment mal – da stimmt doch was nicht!

Richtig. Wenn Sie die beschriebene Szene für eine echte, moderne Testreihe von kugelsicherem Glas halten, dann sind Sie auf dem Holzweg. Vielmehr haben wir uns dafür im Internet auf die Suche nach Tests am lebenden Objekt gemacht. Und sind bei Dailymotion fündig geworden.

Historische Filmaufnahmen – undatiert, aber grob geschätzt stammen sie aus den 1930er Jahren – zeigen eine Frau, die sich ohne jede Art von Schutzkleidung Gewehrschüssen aussetzt. Freiwillig. Das Vertrauen ins neu entwickelte Panzerglas scheint grenzenlos zu sein. Weder bedeckt die Glasplatte den gesamten Körper der Testperson, noch ist die Scheibe auf irgendeine Weise fixiert; sie muss sie sich schon aus eigener Kraft mit bloßen Händen vor das Gesicht stemmen, um von der Gewehrkugel nicht in Fetzen gerissen zu werden.

Erschrecken Sie nicht – auch im 21. Jahrhundert gibt es Branchen, bei denen es gängige Praxis ist, ein eingeführtes Produkt im Live-Betrieb zu testen und je nach Bedarf zu überarbeiten.

Na, fällt Ihnen ein naheliegendes Beispiel ein?

Für uns ist das eindeutig die Software-Branche! Die ist bekanntlich ganz vorn mit dabei, wenn es darum geht, unfertige, fehlerhafte Produkte an den User auszuliefern.

Bei Software wird der Kunde oftmals sogar ermutigt, Beta-Versionen auszutesten. Denken Sie etwa an den bekannten Webbrowser Mozilla Firefox. Im Abstand von sechs Wochen erscheinen je drei verschiedene Versionen: die experimentelle Version Firefox Aurora, die größtenteils verwendbare Version Firefox Beta sowie der ganz normale, stabile Firefox, der auch über den Release-Kanal per Online-Update verteilt wird.

Die drei Versionen unterscheiden sich in ihrer Versionsnummer, wobei die Beta-Versionen den stabileren immer voraus sind. Je mehr Beta, desto höher die Nummer. Erscheint beispielsweise der reguläre Firefox 34, so sind bereits Firefox Beta 35 und Firefox Aurora 36 in Entwicklung. Abgesehen davon können experimentierfreudige Nutzer das sogenannte Nightly-Build herunterladen, welches den aktuellsten

Entwicklungsstand repräsentiert – aber Achtung! Die Nightlies sind absolut »bleeding edge«, wie der ITler sagt, und werden von Mozilla nicht für den produktiven Einsatz, sondern nur zu Testzwecken empfohlen.

Dieses Verfahren erlaubt es interessierten Benutzern, künftige Features, die in die stabile Version einfließen sollen, vorab zu testen, indem sie Firefox Beta oder Aurora ausprobieren. Sie können Programmfehler und – bei einem Browser besonders kritisch – Sicherheitslücken frühzeitig aufspüren, damit sie behoben werden, bevor sie bis in die stabile Version des Produkts hinein durchschlüpfen.

So beschleunigt sich einerseits der Entwicklungsprozess erheblich, andererseits stärkt der Community-Gedanke die Identifikation der Nutzer für das Projekt und motiviert sie zum Weitermachen.

Es liegt uns fern, Ihnen ein X für ein U vorzumachen. Natürlich gibt es eine wichtige Voraussetzung, damit das Ganze auch übertragen auf ein Echtzeit-Unternehmen funktioniert: Transparenz! Allen Beteiligten muss klar sein, dass mit einer Beta-Version gearbeitet wird – dem Unternehmer, den Mitarbeitern und nicht zuletzt dem Kunden. Für den Unternehmer bedeutet das, von vornherein die nötigen Ressourcen einzukalkulieren, um gegebenenfalls Korrekturen vornehmen zu können. Dazu müssen sowohl die finanziellen Mittel vorhanden sein als auch entsprechend kompetente Mitarbeiter bereitstehen.

Der Kunde wiederum nimmt Beta-Versionen am ehesten dann gerne an, wenn sie ihm positiv verkauft werden. Wenn er sich damit als Innovator fühlt. Wenn er weiß: Beta-Versionen sind ein Feature, kein Bug. Und wenn er einer kompletten Neuentwicklung auch einen komplett neuen Nutzen abgewinnen kann.

Ein Küchenstudio könnte seine neueste Innovation zum Beispiel mit dem klaren Hinweis anbieten: »Neues Design, neue Oberflächenbeschaffenheit, dank Lotus-Effekt besonders leicht zu reinigen. Testen Sie zuerst!« Und das Beta-Produkt zu einem reduzierten Preis anbieten, oder dem Kunden anderweitig entgegenkommen. Nach einem halben Jahr würde man den Kunden danach befragen, ob es sich mit dem neuen Produkt auch tatsächlich leichter arbeiten lässt.

Wie Kunden sich um unfertige Produkte schlagen

Der beste Weg, um ein neues, nicht ausgereiftes Produkt zu testen, ist die Methode der elitären Verknappung. Sie stellen den »Prototypen« beziehungsweise die ersten Produkte lediglich einem exklusiven Kundenkreis zur Verfügung. Der Effekt bei den Kunden: Sie haben das Gefühl, zu einer Gruppe von Auserwählten zu gehören. Etwas testen und haben dürfen, wovon die Weltöffentlichkeit noch nicht einmal gehört hat, das kommt unserem Streben nach Bedeutsamkeit entgegen. Unternehmen, die Premiumkunden haben, können diesen Kreis nutzen, nicht nur, um ihnen besondere Serviceleistungen zu verkaufen, sondern auch um Beta-Versionen an ihnen zu testen. Ebenso gut eignen sich Club-Mitgliedschaften dafür.

Dieses für die meisten Branchen ungewohnte Vorgehen ist im Textilbereich sogar Usus: Modelabels zeigen ihren Exklusivkunden ihre Kollektionen schon vorab, und nehmen gegebenenfalls Änderungen vor, bevor sie damit an die Öffentlichkeit gehen.

Eine Variante des Beta-Tests kennen Sie vielleicht aus der Hotellerie. Bei Eröffnung eines neuen Hotels werden exklusive Kunden von Partnerprogrammen, aber auch Blogger oder Lead-Customer auserkoren. Eine Woche, bevor das Hotel die Pforten fürs Publikum aufmacht, dürfen die Auserwählten das Hotel kostenfrei testen. Natürlich gehört ein ausführliches Feedback zum Spiel dazu. Doch die geladenen Gäste scheuen sich nicht davor, sondern schätzen die Tatsache, dass ihre Meinung gefragt ist, und freuen sich über die Gegenleistung.

Interessanterweise ist sogar die Telekom gerade dabei, neue Tarife mit einem auserwählten Kundenkreis zu testen. Die Telekom ist in Verbindung mit dem Begriff »Service« beinahe ein Euphemismus. Umso beeindruckender ist für uns dieser Test! Also: Wenn es die Telekom kann, worauf warten Sie noch?

Der Kunde muss sich von Anfang an auf entsprechenden Service verlassen können. Wenn in der Testphase Probleme auftreten, sollte der Anbieter schnell, unkompliziert und kompetent eine Lösung bereitstellen. Glauben Sie uns: Wenn Sie ein neues Produkt zusammen mit dem Kunden im Live-Betrieb weiterentwickeln und nach dessen Bedürfnissen und Wünschen weiter überarbeiten, dann ist das die halbe Miete für das Echtzeit-Prinzip!

Genau wie bei Mozilla Firefox führt auch hier das Gefühl, Teil der Produktentwicklung zu sein, zu mehr Motivation und höherer Identifikation mit dem Projekt. Beides ist letztlich das, was all die Heerscharen von Freiwilligen antreibt, die bei Open-Source-Projekten mitmachen oder bei Wikipedia mitschreiben: Die Community steht voll hinter dem Produkt. Diese Identifikation schafft ein starkes Zugehörigkeitsgefühl.

Aus unserer Sicht nutzen auch heute immer noch viel zu wenige Unternehmen das Potenzial von Fan-Gemeinschaften. Die muss man sich erst einmal aufbauen, klarer Fall. Gerade im B-to-B-Bereich gestaltet sich dies deutlich schwieriger als im B-to-C-Business, ist aber nicht unmöglich. Das kann von der kooperierenden Planung über die gemeinsame Produktentwicklung bis hin zum Joint-Venture gehen.

Stellen Sie sich einen Maschinenbaubetrieb mit tollen Innovationen vor. Gerade hier kann die Arbeit mit einer Beta-Version eine Winwin-Situation für beide Seiten sein: Der Maschinenbauer installiert sein Produkt beim Kunden. Dann lässt er für die ersten Monate einen eigenen Mitarbeiter beim Firmenkunden, der die Maschine vor Ort weiterentwickelt und auf die Bedürfnisse des Kunden anpasst. Außerdem kann er dessen Mitarbeiter im Umgang mit der Maschine schulen. Und bei Problemen unmittelbar Abhilfe schaffen.

Beta-Versionen funktionieren nicht bei allen Kunden. Das ist natürlich der Idealfall. Der Gerechtigkeit halber sei es als weitere Einschränkung erwähnt: Beta-Versionen funktionieren nicht bei allen Kunden. Die althergebrachte Denkweise, wonach der Kunde vor allem Sicherheit will, mag bei manch einem sogar tatsächlich zutreffen. Geschenkt. Es gibt aber auch noch mehr Gründe.

Kunden unterscheiden sich in ihrem generellen Adaptionsverhalten, was neue Produkte betrifft. Mit Beta-Versionen sprechen Sie garantiert Early Adapters an, nicht aber Menschen, die zum Gewohnten und Bewährten greifen. Doch die letzte Kategorie ist am Schrumpfen. Schließlich ist unsere ganze Gesellschaft sehr viel IT-lastiger ist als noch vor zehn, fünfzehn Jahren. Alle großen Softwarehersteller liefern permanent Updates für ihre Produkte – das ist für uns Nutzer längst zur Normalität geworden. Was wir in diesem Bereich als selbstverständlich erleben, ändert unserer Erfahrung nach auch die Erwartungen in anderen Branchen und Lebensbereichen. Da wird es mitunter sogar als positiv empfunden, wenn ein fehlerhaftes Produkt nachgebessert wird!

Und wenn doch mal was schiefgeht? Fehler passieren immer und überall. Davor ist niemand gefeit, erst recht kein Echtzeit-Unternehmen.

Vertrauen Sie uns: Wegen Fehlern in der Phase des Beta-Tests sollten Sie sich keine grauen Haare wachsen lassen. Haben Sie keine Angst davor, auf Probleme zu stoßen, sondern sehen Sie sie im Gegenteil als Chance: Dann haben Sie und Ihre Mitarbeiter wenigstens gelernt, wie etwas *nicht* funktioniert! Darüber können Sie sich freuen. Und es beim nächsten Mal mit einkalkulieren.

Ihre Kunden erwarten selbstverständlich eine souveräne Klärung, sobald Fehler entdeckt werden. Den Kunden zufriedenzustellen, sollte der erste Schritt sein. Gehen Sie schnell und kulant vor, indem Sie den Fehler beheben und eine Entschädigung anbieten. Im nächsten Schritt sollten Sie intern abklären, ob der Fehler einmalig und durch menschliches Versagen passiert ist. Dann können Sie mit den betreffenden Mitarbeitern darüber sprechen. Liegt dagegen ein Fehler im System vor, muss er gefunden werden. Prüfen Sie, wo es im Prozess hakt und was verbessert werden muss, damit der Fehler nicht mehr auftritt.

Manchmal ist es nicht leicht, auf den ersten Blick zwischen menschlichem Versagen und einem Systemfehler zu unterscheiden. Dann sollten Sie sich aber davor hüten, eine weitere Kontrollinstanz einzubauen – das bringt unserer Erfahrung nach wenig. Keine Kontrollschleifen mit Checklisten! Klar, der einzelne Mitarbeiter darf schon wissen, dass es jederzeit Kontrollen geben kann. Aber er sollte sich nicht darauf verlassen, dass alles, was er abliefert, noch fünfmal gegengecheckt wird. Anstatt auf zusätzliche Kontrolle zu setzen, machen Sie Ihren Mitarbeitern klar, dass sie eigenverantwortlich handeln. Dass der erste Schuss sitzen sollte. Sonst fangen Ihre Leute höchstens an zu schludern.

Beim Krisengespräch könnten Sie Gefahr laufen, Ihre Mitarbeiter zu demotivieren. Schieben Sie niemandem die Schuld zu, auch wenn jedem klar ist, wer die Sache verbockt hat. Sondern stellen Sie sie als

Möglichkeit zur Weiterentwicklung dar. Arbeiten Sie gemeinsam daran, den Schaden zu begrenzen und die Ursache zu finden.

Und falls es hart auf hart kommen sollte und Menschen beim Beta-Test eines Ihrer Produkte aller Vorsichts- und Sicherheitsmaßnahmen zum Trotz Schaden nehmen?

Dann nehmen Sie sich ein Beispiel an Michael McCain, den Geschäftsführer des kanadischen Lebensmittelkonzerns Maple Leaf Foods. Im Sommer 2008 starben mindestens neun Menschen an den Folgen von Listeriose, einer Infektionskrankheit, mit der sie sich durch den Verzehr von verdorbenem Fleisch ansteckten. Dutzend weitere wurden krank. McCain hatte die Größe, den Fehler auf seine eigene Kappe zu nehmen. Er übernahm die Verantwortung für die Katastrophe und entschuldigte sich in einer Pressekonferenz glaubwürdig für die Fehler seines Unternehmens.

Bereits im Jahr 2009 war Maple Leaf Foods wieder in den schwarzen Zahlen.

Dampfgarer, U-Boote und der Wunsch nach Individualisierung

Fassen wir kurz zusammen: Mit einer Beta-Version auf den Markt zu gehen, ist sinnvoller, als das Produkt in der Entwicklung zirkulieren zu lassen, bis es vermeintlich »perfekt« ist. Das Verfahren ist sowohl zweckmäßiger als günstige Testmarktsimulationen als auch dynamischer als langwierige Markttests. »Early Adopters« sind die ideale Zielgruppe dafür, da sie gerne auch mal was Neues ausprobieren. Ganz allgemein steigt die Akzeptanz bei den Kunden für Beta-Versionen, nicht zuletzt dank der alltäglichen Erfahrungen als Nutzer von Software.

Gibt es jedoch Branchen, in denen Beta-Versionen eher ungeeignet sind? Oder anders gefragt: In welchen Branchen ist nun die Arbeit mit Beta-Versionen besonders praxistauglich?

Die kurze Antwort: Wir sind davon überzeugt, dass Beta-Versionen in allen Branchen genutzt werden sollten. Besondre Branchen, deren Produktlebenszyklen kurz sind und die sich hohem Wettbewerbsdruck ausgesetzt sehen, sind mit Beta-Versionen gut beraten. Nicht nur im Softwarebereich, auch die Hersteller von Handys, Tablet-Computern und anderer Kommunikations- und Infotainment-Hardware geben mittlerweile regelmäßig Firmware-Updates heraus, um Sicherheitsprobleme und andere Fehler zu beheben. Hätte man die im Vorfeld alle vermeiden wollen, wäre das Gerät wohl nie auf den Markt gekommen.

Wenn Sie Erster am Markt sein wollen, dann müssen Sie mit neuen Ideen so früh wie möglich da rausgehen. Der frühe Vogel fängt den Wurm. Anders gesagt: Ein ähnliches Produkt, das später auf den Markt kommt, hat tendenziell schlechtere Chancen, ein Kassenschlager zu werden.

Ein Beispiel: Einer Studie von Henrich Greve und Marc-David Seidel zufolge verkaufte sich die Passagiermaschine McDonnell Douglas DC-10 fast doppelt so oft wie der Konkurrent gleichen Typs, die Lockheed L-1011 TriStar. Die DC-10 war technisch unterlegen und hatte ernsthafte Sicherheitsprobleme, die sich in zwei schweren Unfällen äußerten – einem Absturz des Flugs 981 der Turkish Airlines im März 1974 und einem Crash des Flugs 191 der American Airlines im Mai 1979. Auf den Verkaufsrang hatten weder die Abstürze noch die technischen Mängel messbaren Einfluss – die Verkäufe der DC-10 blieben stetig über denen der L-1011.

Einziger Unterschied: Die DC-10 war ein ganzes Jahr früher am Markt gestartet (1971) als die L-1011 (1972).

Sie sehen: Ein »head start« kann einem Produkt durchaus den Marktvorteil verschaffen, den es braucht, um sich gegen die – womöglich besser aufgestellte – Konkurrenz durchzusetzen. Vorausgesetzt, Sie haben den Mut dazu! Natürlich ist das ein bisschen wie ein Spiel mit dem Feuer. Viele Unternehmen bewegen sich parallel im selben Geschäft, Mitarbeiter wechseln hin und wieder vom einen Branchenriesen zum anderen – da sind Klagen zur Streitfrage, wer welches innovative Produkt zuerst entwickelt hat, nicht zu vermeiden. Die langjährige, noch immer andauernde Auseinandersetzung zwischen Apple und Samsung ist dafür ein wenig rühmliches Beispiel.

> Ein head start kann einem Produkt den Marktvorteil verschaffen, um sich gegen die besser aufgestellte Konkurrenz durchzusetzen. Vorausgesetzt, Sie haben den Mut dazu!

Neben Wettbewerbsdruck und Verdrängungsmarkt spielt ein weiterer Faktor eine wichtige Rolle: Der Wunsch des Kunden nach Individualisierung wird immer größer. In allen Branchen.

Bei Adidas können Sie heutzutage Ihre Turnschuhe selbst gestalten. Sie rufen ein Web-Formular auf, in das Sie die gewünschte Sohle, das Material, die Farben und, wenn Sie möchten, Ihre Initialen eingeben – für den Aufdruck. Wenige Wochen später wird das individualisierte Paar Wunsch-Turnschuhe direkt zu Ihnen nach Hause geliefert. Ähnliches gilt für mittlerweile jeden großen Autohändler. Dank Online-Konfigurator können Sie Ihre Wunschausstattung vorab auswählen. Bei Fleurop können Sie Blumensträuße und Gestecke für Ihre Lieben online selbst zusammenstellen. Parfum-Duftkreationen lassen sich online selbst mixen, Anzüge nach Maß schneidern, Gesichtscremes mit Ihrem Namen auf dem Döschen versehen. Ein Unternehmen namens mymuesli – raten Sie mal, was sie da eigenhändig zusammenstellen können – wurde 2013 zum Start-up des Jahres gewählt. Vielen gilt dieser Betrieb als Initialzündung für die »Mass customization«.

Andere Firmen gehen noch einen Schritt weiter. Die Rational AG, 2013 mit dem 2. Platz als Deutschlands kundenorientiertester Dienstleister ausgezeichnet, lädt regelmäßig Kunden aus dem B-to-B-Bereich in ihr eigenes Küchenlabor ein. Köche können dort an Geräten der neuesten Generation Gerichte zubereiten, die man hinterher beim Business-Lunch gemeinsam verzehrt. Ganz nebenbei werden die Geräte mit Kunden und Köchen weiterentwickelt. Das ist echter Live-Betrieb. Und sehr geschickt, da die Mitarbeiter der B-to-B-Kunden in den eigenen Vertrieb mit eingebunden sind.

> Als Erstes muss der Koch von einem neuen Großküchenherd begeistert sein. Nicht der Geschäftsführer des Restaurants, für das er arbeitet.

Die Rational AG bezeichnet diese Form der Arbeit mit Beta-Versionen als »integrierten Innovationsprozess«. Gemeint ist dasselbe; ein ständiges Weiterentwickeln innovativer Produkte in Zusammenarbeit mit dem Endkunden. Darüber hinaus hat das Unternehmen die »Rational Academy« ins Leben gerufen, die Kochkurse für Köche ebenso anbietet wie Produkteinführungen und Tests im Live-Betrieb. Als Erstes muss der Koch von einem neuen Großküchenherd begeistert sein. Nicht der Geschäftsführer des Restaurants, für das er arbeitet!

Die Rational AG ist übrigens auch Haus- und Hoflieferant der US-Navy und damit ein Musterbeispiel für die Reaktion eines Echtzeitunternehmens. Als vor einigen Jahren Dampfgarer für U-Boote bestellt wurden, checkte Rational zunächst ganz genau die Bedürfnisse des Kunden – der enge Raum einer U-Boot-Kombüse, Spezialanschlüsse, Sicherheitsvorschriften ... Bei der Auslieferung schließlich passte im Grunde alles – nur die Dampfgarer waren zu groß, um durch die engen Schleusen im U-Boot zu passen! Bei Rational fackelte man nicht lang, sondern flog kurzfristig ein paar Spezialisten ein, die die Geräte vor Ort auseinanderbauten. In Einzelteilen schaffte man die Dampfgarer durch die Schleusen, um sie direkt in der Küche wieder zusammenzubauen.

Eigentlich war der Schlamassel nicht das Problem der Rational AG. Die Kosten für die ganze Aktion beliefen sich zudem auf ein Vermögen. Aber auch wenn sich dieser eine Verkauf letztlich nicht rechnete, sah man die US-Navy als Großkunde grundsätzlich mit Anspruch auf eine perfekte Dienstleistung und Erfüllung sämtlicher Kundenwünsche. Reaktion in Echtzeit. Das finden wir cool!

Und was bedeutet das für Sie? Muss es immer die souveräne, womöglich nicht mal kostendeckende Reaktion auf eine chaotische Situation sein, um das Ziel »Echtzeit-Unternehmen« zu erreichen?

Nein. Sie können und müssen viel früher ansetzen!

Der Entwurf einer Assistentin darf ruhig mal schnell und schmutzig sein. Sie als Chef schmieren da später ja sowieso drin herum. Das mag für die Assistentin ein harter Brocken sein – schwer verdaulich und mit ihrem individuellen Arbeitsethos kaum vereinbar.

Für Menschen, deren Ziel es ist, immer und überall beste Qualität abzuliefern, muss der erste Entwurf perfekt sein. Solche Leute sind oft maßlos enttäuscht, wenn dann doch jemand ihre ganze schöne Planung mit einem Bleistiftstrich über den Haufen wirft.

»Danke, Frau Lehmann, schicken Sie das genau so raus!«

Das ist es, was Frau Lehmann am liebsten hören möchte. Womöglich fühlt sie sich nicht wertgeschätzt, wenn der Chef Änderungen verlangt. Tja, Frau Lehmann, wir haben eine wichtige Botschaft für Sie:

Es passiert unserer Erfahrung nach nur äußerst selten, dass Ihr Chef den Entwurf unbesehen rausschickt.

Jeder Mensch hat eine hohe Verbesserungskompetenz. Es ist die eminent wichtige Aufgabe jeder Führungskraft, im Unternehmen eine Kultur dafür zu etablieren. Wenn der Chef sagen würde: »Geben Sie das Schreiben raus, aber verbessern Sie vorher was dran!« – dann gäbe es vermutlich keinen einzigen Mitarbeiter, der nicht noch eine Idee hätte. Das Problem ist nämlich nicht die mangelnde Verbesserungskompetenz – sondern die fehlende oder zumindest geringe Initialkompetenz.

Wenn Sie allein ein Auto anschieben wollen, brauchen Sie immens viel Kraft, bis die Karre ins Rollen kommt. Rollt sie aber erst einmal, kann im Grunde jeder weiterschieben. Hauptsache, die Massenträgheit ist überwunden und die Kiste bewegt sich. Initialkompetenz. Dann ist die meiste Arbeit schon erledigt. Das Weiterschieben entspricht der Verbesserungskompetenz, die jeder im Überfluss besitzt.

It's a feature, not a bug

Vorhin war von einer wichtigen Voraussetzung die Rede, die Sie als Führungskraft in einem Echtzeit-Unternehmen brauchen: Mut. Wozu brauchen Sie Mut, außer wenn Sie mit einer Beta-Version auf den Markt gehen?

> Wer hat gesagt, dass Sie ein Produkt haben müssen, um es zu verkaufen?

Gegenfrage: Wer hat gesagt, dass Sie ein Produkt *haben* müssen, um es zu verkaufen?

Wenn wir ein neues Produkt für unsere Akademie planen, dann gehen wir in der Regel so vor: Wir checken das Marktvolumen und den Rahmenplan, also die Anforderungen des DIHK. Zwei Fragen sind dabei von besonderem Interesse: Ist das Marktpotenzial attraktiv? Und: Können wir es leisten, die geforderten Inhalte mit unseren vorhandenen Kompetenzen zu vermitteln? Wenn wir beide Fragen mit einem klaren »Ja« beantworten können, dann verkaufen wir das Produkt bereits im Markt, ohne dass eine einzige Zeile Lehrgangsskript existiert.

Ja, Sie haben richtig gelesen.

Denn Mut bedeutet laut Duden nicht nur, sich etwas zuzutrauen und es zu tun. Sondern auch, die Fähigkeiten zu haben, es zu tun. Wir würden nichts anbieten, bei dem wir nicht gewährleisten können, die Inhalte auch zu erarbeiten.

Falls der Lehrgang zu unseren Fähigkeiten passt, bieten wir ihn auf unserer Homepage an. Dann warten wir zwei Monate lang ab, die uns darüber Aufschluss geben, ob der Markt das neue Produkt annimmt. Wenn abzusehen ist, dass Kunden den Lehrgang buchen und es sich damit auch für uns lohnt, ihn zu verkaufen, dann beginnen wir mit der Entwicklung. Wir verkaufen einen Lehrgang immer etwa ein halbes Jahr vor Lehrgangsbeginn, also bleiben uns dazu immer noch vier Monate übrig. So viel Zeit brauchen selbst wir – trotz Echtzeit-Prinzip –, bis wir mediengerecht gut aufgestellt sind.

Der Punkt ist: Ein Echtzeit-Unternehmen kann ein neues Produkt jederzeit verkaufen – und geht erst dann in die Entwicklungsphase. Gemeinsam mit dem Kunden. It's a feature, not a bug!

It's a feature, not a bug!

In diesem Sinne sollten auch Sie als angehender Echtzeit-Unternehmer Mut haben. Das heißt nicht, dass Sie leichtsinnig sein sollen. Sondern dass Sie sich zutrauen, etwas zu tun, und einschätzen können, ob Sie auch die Fähigkeiten dazu besitzen.

Dann können Sie jederzeit ein Produkt entwickeln, das Sie noch gar nicht besitzen. Die Entwicklung innerhalb von vier Monaten, nachdem sich eine klare Nachfrage abgezeichnet hat – die schaffen Sie locker.

- Der beste Weg, die Tauglichkeit eines neuen Produktes zu testen, ist, es als Beta-Version auf den Markt zu bringen.

- Kunden schlagen sich um unfertige Produkte – mit der Methode der elitären Verknappung.

- Mit Beta-Versionen sprechen Unternehmen in erster Linie Early Adopters an.

- Für Probleme mit dem Beta-Produkt braucht das Unternehmen eine sofortige, extrem kulante Lösung.

- Ein head start kann einem Produkt den Marktvorteil verschaffen, um sich gegen die besser aufgestellte Konkurrenz durchzusetzen.

- Ein Produkt, an dessen Entwicklung der Kunde mitgewirkt hat, erhöht die Identifikation mit der Marke um ein Vielfaches.

7 Im Hamsterrad?

»Sehr geehrte Dame, sehr geehrter Herr,

wir sind ein junges, auf individuell designte Pflegeprodukte spezialisiertes Produktionsunternehmen. Derzeit sind wir auf der Suche nach einem Dienstleister, der in enger Zusammenarbeit mit uns ein komplettes, außergewöhnliches, perfekt zu uns passendes Corporate Design erstellt. Dies umfasst sowohl den Internetauftritt (Webdesign, Content Management System) als auch die Layouts für Flyer, Aufsteller, Briefpapier, Visitenkarten usw.

Ihre Design- und Werbeagentur wurde uns als kompetenter Vertreter am Markt wärmstens empfohlen. Daher möchten wir uns erkundigen, ob Sie für unser Projekt Kapazitäten frei hätten? Über einige unverbindliche Informationen, wenn möglich inklusive eines groben Kostenrahmens, würden wir uns sehr freuen.

Vielen Dank für Ihre Bemühungen und freundliche Grüße,

Mareike Bethke – Geschäftsführung

YourOwnLabel GmbH«

Es ist Montagmorgen, 9:23 Uhr, als Mareike Bethke auf den »Senden«-Button ihres E-Mail-Programms klickt. Die Mail ist nur eine von vielen, die die junge Start-up-Unternehmerin an diverse Dienstleister aus dem Bereich Grafik - und Webdesign verschickt hat. Sie rechnet kaum damit, auch nur von einem einzigen innerhalb der laufenden Woche zu hören.

»Pling!«, meldet sich ihr Bürorechner um 11:02 Uhr. Eine neue Mail, Betreff: »Re: Anfrage«, Inhalt:

»Sehr geehrte Frau Bethke,

wir freuen uns, dass Sie unser Haus als Partner für Ihr Corporate Design in Erwägung ziehen.

Wie Sie eventuell schon unserer Homepage entnommen haben, bieten wir Lösungen unterschiedlicher Preisklassen an. Anbei sowohl unsere preisgünstigen ›Baukastensysteme‹ als auch unser ›Individual‹-Portfolio mit Referenzen individuell zugeschnittener Produkte (jeweils im PDF-Format).

Jedem innovativen Unternehmen mit klar definiertem Markt, als das sich auch das Ihre präsentiert, pflegen wir eher eine Lösung aus dem schärfer profilierten ›Individual‹-Bereich zu empfehlen. Gerne beraten wir Sie hierzu ausführlich. Die Aufwendungen seitens unserer Kunden in diesem Segment bewegen sich üblicherweise im Bereich zwischen 5000 und 15 000 Euro (zzgl. MwSt.), je nach Umfang und Komplexität des Auftrags.

Bei weiteren Fragen zu unseren Produkten, oder auch um einen unverbindlichen Beratungstermin festzulegen, wenden Sie sich bitte an unseren Kundenberater, Herrn Rudolf Oppenhauser (E-Mail und Tel.-Nr. siehe Signatur).

Nochmals besten Dank!

Mit freundlichen Grüßen,

i. A. Britta Schuhmann

Media Solutions, Inc.«

Mareike Bethke ist höchst erstaunt.

»Das ging aber schnell!«, sagt sie sich, während sie die Mail erneut liest.
»Die haben sich mit unserem Anliegen offenbar tatsächlich befasst, anstatt nur mit einem Formschreiben zu antworten. Die Leute scheinen freundlich zu sein, und die Preise sprengen nicht den Rahmen unseres Budgets. Kaum zu glauben – mit einer so zügigen, kompetenten Rückmeldung hätte ich nie gerechnet!«

Eigentlich eine Selbstverständlichkeit, dass Anfragen, Terminabsprachen oder Lieferungen reibungslos ablaufen. Doch wenn es tatsächlich passiert, ist der Kunde – besonders bei einer neuen Geschäftsbeziehung – angenehm überrascht. Und wenn es reibungslos *und* schnell geht, ist er sogar richtig verblüfft. Jede Ausnahme von zur Gewohnheit gewordenen Terminverschiebungen, verspäteten oder komplizierten Antworten ist da eine positive Überraschung. Uns überrascht eher, dass Kunden es als normal betrachten, wenn ihre Anliegen auf die lange Bank geschoben werden.

Mag sein, dass wir da extrem ticken. Aber diese Konsequenz bringt uns, genauso wie jedem Echtzeit-Unternehmen einen gewaltigen Wettbewerbsvorsprung.

Wenn wir beispielsweise bei einer Veranstaltungsagentur am Sonntagabend per E-Mail anfragen und erst am Montag gegen 22:00 Uhr eine Antwort erhalten, dann ist die Reaktionszeit für die meisten Kunden vielleicht normal. In unseren Augen aber grenzwertig. Wozu werden die Mitarbeiter der Agentur denn bezahlt? Den lieben langen Tag machen sie nichts anderes, als Anfragen potenzieller Kunden zu beantworten! Also kann der Kunde doch wohl erwarten, dass ihm presto die Antwort in den Posteingang flattert. Alles andere ist unprofessionell. Und von Exzellenz einige Lichtjahre entfernt.

Nach unserer Erfahrung reagieren Firmen im B-to-B-Bereich in 90 Prozent der Fälle zu langsam. Der Kunde winkt mit einem Auftrag – und muss dann erst einmal 24 Stunden warten, wenn nicht mehr. Das ist gelinde gesagt eine Zumutung. Etwas, das ein Echtzeit-Unternehmen niemals riskieren würde. Dort wird schließlich jede Anfrage SOFORT beantwortet.

Nein, es ist kein Witz. Und nein, wir sind weder dafür, Mitarbeiter unter Druck zu setzen, noch für unmenschliche Arbeitsbedingungen. Aber wir sind definitiv *für* eine Arbeitsform, die es allen Mitarbeitern erlaubt, jede Anfrage innerhalb von zwei Stunden nach ihrem Eingang sorgfältig und qualifiziert zu beantworten.

Aber *immer* zeitnah reagieren? Das ist doch gar nicht möglich! Unternehmen mit eingeschränkten Geschäftszeiten *können* einfach nicht so schnell reagieren wie Amazon oder Zalando. Oder soll ich meine Mitarbeiter in den Burnout treiben?

Solche Reaktionen sind wir gewohnt. Wir wissen, dass das Echtzeit-Prinzip erstmals mit Stress, Druck und Hamsterrad in Verbindung gebracht wird. Doch damit hat es nicht im Entferntesten zu tun. Überlegen Sie doch selbst: Wann haben Menschen denn Stress am Arbeitsplatz? Wenn eine E-Mail eintrudelt? Wenn das Telefon klingelt? Natürlich nicht! Sondern eher, wenn der Schreibtisch voll ist, die ganze Arbeitszeit für den kompletten Tag bereits verplant ist und *dann* eine E-Mail eintrudelt oder das Telefon klingelt. Das ist doch ein enormer Unterschied!

Was genau verursacht Stress im Job? Und wie kommt es, dass das Echtzeit-Prinzip eine Sofort-Reaktion ermöglicht – ohne die Mitarbeiter zu stressen? Das zeigen wir Ihnen Schritt für Schritt.

Die drei Stressfallen

Einer oft kolportierten Geschichte zufolge hat sich der ehemalige US-amerikanische Präsident Dwight D. Eisenhower seinen Schreibtisch in vier verschiedene Felder unterteilt. Die Story ist unbelegt und somit eine Legende – aber darauf beruht die berühmte Eisenhower-Matrix.

In dieser Matrix ergeben sich anhand der Kriterien Wichtigkeit und Dringlichkeit vier Aufgabentypen, die auf vier Quadranten verteilt sind – und die die Art der Bearbeitung ergeben:

- Quadrant I, wichtig und dringend → »Sofort selbst erledigen!«
- Quadrant II, wichtig, aber nicht dringend → »Terminieren und selbst erledigen!«
- Quadrant III, nicht wichtig, aber dringend → »An kompetente Mitarbeiter delegieren!«
- Quadrant IV, nicht wichtig, nicht dringend → »Nicht bearbeiten!«

Interessant sind natürlich die ersten zwei Quadranten. Denn diese Aufgaben konkurrieren ständig um unsere Zeit. Was wäre nun so eine wichtige und zugleich dringende Aufgabe aus Quadrant I? Na, zum Beispiel eine handfeste Krise!

Stellen Sie sich einen Bauernhof vor, den Sie alleine bewirtschaften. Sie haben 237 Hühner und einen kaputten Zaun. Die Hühner laufen kopflos in der Gegend herum und verteilen sich langsam im größeren Umkreis des Bauernhofs.

Was tun Sie?

Genau – Sie fangen die Hühner wieder ein. Sie tun es *selbst*, weil niemand gerade da ist, der Ihnen dabei helfen könnte. Und Sie machen es *sofort*, um den Verlust möglichst klein zu halten. Das ist der entscheidende Punkt bei wichtigen und dringenden Aufgaben: Sie müssen sie immer selbst und sofort erledigen!

Damit unterscheiden sie sich von den wichtigen, aber nicht dringenden Aufgaben aus Quadrant II. Um beim Beispiel mit dem Bauernhof zu bleiben: Zu den wichtigen, aber im Moment nicht dringenden Aufgaben zählt hier, einen Stall zu bauen und einen Zaun um das Freilandgehege der Hühner zu ziehen, damit Ihnen das Federvieh künftig nicht in alle Himmelsrichtungen ausbüxt.

Im Idealfall sollten sowohl Mitarbeiter als auch Führungskräfte sich zu 80 Prozent der Zeit Aufgaben aus dem zweiten Quadranten widmen, sprich 80 Prozent ihrer Arbeitszeit mit wichtigen, aber nicht dringenden Tätigkeiten verbringen. Die restlichen 20 Prozent bleiben für Aufgaben, die sowohl wichtig als auch dringend sind.

Der Punkt ist: Bei gestressten Leuten steht diese Verhältnismäßigkeit genau auf dem Kopf: Alles, was zunächst nur wichtig, aber nicht dringend war, verharrt so lange auf dem Ablagestapel, bis es plötzlich auch noch dringend wird. Die Folge: Stress!

Alles, was zunächst nur wichtig, aber nicht dringend war, verharrt so lange auf dem Ablagestapel, bis es plötzlich auch noch dringend wird. So entsteht Stress.

Und der Stresspegel steigt, je mehr sie auf einen Schlag wichtige und zugleich dringende Aufgaben auf dem Tisch haben. Wie bei den Hühnern: Sie müssen sie eigenhändig wieder einfangen, und zwar sofort, und es sind verdammt viele!

Im Gegensatz dazu fühlen Sie sich nur dann wirklich wohl, wenn Sie sich überwiegend mit Aufgaben aus dem II. Quadranten beschäftigen können. Je nach Kapazität gehen Sie diese Dinge entweder sofort an, oder Sie arbeiten sie der Reihe nach ab oder legen Termine dazu fest.

In die Stressfalle geraten wir aber nicht nur, wenn zu viele Aufgaben aus dem I. Quadranten vorliegen. Auch wenn Zusagen gemacht werden, von denen absehbar ist, dass sie nicht einzuhalten sind, oder Kunden im Unklaren gelassen werden, wann sie mit einer Leistung rechnen können, ist Stress vorprogrammiert. Und zwar auf beiden Seiten.

Zusagen machen, von denen absehbar ist, dass sie nicht einzuhalten sind? Da ist der Stress vorprogrammiert.

Stellen Sie sich vor, Sie erwarten die vereinbarte Lieferung eines Geschäftspartners – sagen wir, eines Zulieferers bestimmter Einzelteile, die Sie für die eigene Produktion benötigen. Der Zulieferer verpatzt die Sache, die Lieferung bleibt aus, und Ihre Produktionsstraßen stehen still. Maßlos enttäuscht, schicken Sie per E-Mail eine Beschwerde mit doppeltem Prioritäten-Fähnchen an den Chef des Unternehmens. Dann warten Sie auf Antwort. 24 Stunden lang. 48 Stunden lang. Dann – Sie haben die Sache längst ad acta gelegt – klingelt auf einmal das Telefon.

»Tut uns schrecklich leid, dass das schiefgelaufen ist. In Zukunft werden wir Qualität und Zuverlässigkeit gewährleisten, versprochen!«

Preisfrage: Nehmen Sie der Person am anderen Ende der Leitung auch nur ein einziges Wort ab?

Es ist ein fataler Irrtum zu glauben, die Sache aussitzen zu können, nach dem Motto: Der Kunde wird sich schon wieder beruhigen – und wenn die Emotionen abgekühlt sind, kann man immer noch reden. Das ist Quatsch! Denn der Ärger des Kunden schlägt fast immer in Gleichgültigkeit um. Wie jetzt bei Ihnen: In den zwei Tagen, die seit Ihrer Beschwerde vergangen sind, haben Sie umdisponiert und einen neuen Zulieferer akquiriert. Nebenbei hat Sie das Ganze aber auch einige Nerven gekostet.

Der dritte Fallstrick: halbherzige Prioritäten.

Nehmen wir an, Franz Müller, Führungskraft in einem mittelständischen Unternehmen, plant, am nächsten Montag um 15:00 Uhr mit seinen zwei kleinen Kindern in den Zoo zu gehen. Er hat sich den Termin schon lange vorgemerkt – sein Kalender lässt ihm generell wenig Spielraum. Außerdem freut er sich auf die verdiente kleine Auszeit. Nichts wird ihm dazwischenkommen, das hat er sich und seinen Kindern versprochen.

Am Montagmorgen aber klingelt das Telefon in Müllers Büro. Das Sekretariat eines wichtigen Partnerunternehmens will wissen, ob man nicht wegen ungeklärter Fragen kurzfristig ein Meeting organisieren könnte – heute, Montag, ab 14:30 Uhr sei der Chef für zwei Stunden frei, ansonsten müsse man das gemeinsame Projekt erst einmal auf Eis legen.

Wie Franz Müller höchstwahrscheinlich auf das Anliegen reagieren wird, kann sich jeder denken.

»Sorry, liebe Kinder, aber das ist Spitzenkunde Nr. 1 von uns, der hat leider Priorität. In zwei Wochen holen wir den Zoobesuch nach, versprochen!«

Stellt sich die Frage: Wenn an jenem Montag um 15:00 Uhr kein Zoobesuch mit den Kindern im Kalender gestanden hätte, sondern ein Treffen mit Spitzenkunde Nr. 2 – wäre das dann auch so mir nichts, dir nichts vertagt worden? Wohl eher nicht!

Dieses Spiel ist wirklich klassisch: Wenn wir Führungskräfte fragen, was ihnen am wichtigsten ist, dann lautet die Antwort fast immer: »Meine Familie, meine Kinder.« Eine Aussage, deren Wahrheitsgehalt niemand bestreiten würde. Doch es ist auch unbestreitbar, dass Führungskräfte wie Franz Müller ihre eigenen Prioritäten nicht ernstnehmen.

Oder die Prioritäten stimmen nicht. Denn wenn die Familie, wie ja auf Nachfrage behauptet, wirklich die allerhöchste Priorität hätte, dann hätte Franz Müller auf die Anfrage von Spitzenkunde Nr. 1 anders reagiert. Wir behaupten: Es findet sich immer eine Alternative – vorausgesetzt, man will sie auch finden, traut sich und fragt freundlich nach.

Um den Bogen zu schlagen: Stress und seine Folgeerscheinungen – wie das permanente Gefühl der Überforderung bis hin zu medial aufgebauschten und höchst salonfähigen Leiden wie dem Burnout-Syndrom – rühren unserer Meinung nach nicht von den unzähligen Aufgaben, die täglich auf uns einprasseln, sondern daher, dass sich die Leute über ihre Prioritäten nicht im Klaren sind. Daher, dass Mitarbeiter unverbindliche Zusagen machen, oder solche, bei denen sie von vornherein wissen, dass sie nicht einzuhalten sind. Daher, dass Aufgaben so lange hinausgeschoben werden, bis auf einen Schlag alles absolut dringlich und wichtig ist – und nicht mehr adäquat umzusetzen ist.

Auf den Punkt gebracht: Die Hauptursache von Stress und Burnout und damit die Wurzel allen Übels ist nicht die Aufgabenflut, sondern die Unfähigkeit, sich zu entscheiden.

> Die Hauptursache von Stress und Burnout ist nicht die Aufgabenflut, sondern die Unfähigkeit, sich zu entscheiden.

Und hier kommt das Echtzeit-Prinzip ins Spiel. Das Echtzeit-Prinzip duldet kein Abwarten und Aufschieben. Es erfordert eine sofortige Entscheidung und Reaktion. Zu jeder Zeit.

Der Vorteil ist immens: Alles, was sofort erledigt wird, entlastet die To-do-Liste. Glauben Sie uns, wenn wir Ihnen aus Erfahrung sagen: Das fühlt sich großartig an! Statt Stapeln, freie Sicht! Welcher Mitarbeiter, welche Führungskraft kann schon von sich behaupten, den Posteingang dauerhaft leer zu haben?

Auf Dauer läuft die Arbeit nach dem Echtzeit-Prinzip deshalb viel entspannter ab als nach dem überholten »Das-mache-ich-morgen«-Prinzip. Und das Einzige, was dazu wirklich nötig ist, sind klare Regeln in allen Bereichen.

Regel Nr. 1: Jede Mail in zwei Stunden beantworten

Wenn Sie das Echtzeit-Prinzip in Ihrem Unternehmen einführen wollen, brauchen Sie klare Mindeststandards. Das beginnt bei den täglichen Kundenanfragen. In der Regel sammeln die sich in irgendeinem Folder oder auf irgendeinem Ablagestapel.

Nicht so mit dem Echtzeit-Prinzip!

Unsere Faustregel: Jede E-Mail, die zu den allgemein bekannten Geschäftszeiten eingeht, muss innerhalb von zwei Stunden beantwortet werden. Optimal sind Antwort-Mails, die dem Kunden die gewünschten Informationen liefern. Falls diese Informationen nicht verfügbar, Rückfragen oder bestimmte Entscheidungen auf Führungsebene nötig sind, bevor die Antwort an den Kunden gehen kann, so ist eine entsprechende Vorab-Rückmeldung zu verschicken:

»Vielen Dank für Ihre Anfrage, über die wir uns sehr freuen. Wir bemühen uns um schnellstmögliche Klärung der Sachlage und melden uns bis spätestens kommenden Mittwoch wieder bei Ihnen.«

Das funktioniert natürlich nur, wenn der Chef diese Erwartungshaltung auch klar an die Mitarbeiter kommuniziert. Das bedeutet nicht, dass jeder Mitarbeiter permanent auf sein E-Mail-Programm starren und sich von eingehenden Mails ablenken lassen soll, bei jeder Kundenanfrage seine aktuelle Tätigkeit sofort unterbricht und eine hektische Antwort tippt. Nein, ganz im Gegenteil! Vielmehr bedeutet es, Phasen konzentrierter Arbeit zu planen – aber eben genauso Arbeitsphasen für »Kleinigkeiten« wie Kunden-Mails.

Falls Sie sich jetzt fragen, wie ein Mitarbeiter, der sich drei Stunden konzentrierte Arbeit geblockt hat, innerhalb von maximal zwei Stunden auf eine Anfrage reagieren kann, die in Minute 10 eintrifft, sagen wir: Bingo! Herausforderung erkannt. Der Mitarbeiter ist allerdings deshalb ein Mitarbeiter, weil er in einem Unternehmen arbeitet. Und wenn das nicht gerade die Ein-Mann-plus-Assistentin-Ausnahme ist, gibt es da per Definition Kollegen, die die Antwort-Funktion in dieser Zeit abdecken können.

Natürlich hängt die Verteilung der Arbeitszeit für »konzentriertes Arbeiten« und für »Sofort-Reaktion« davon ab, wie der jeweilige Arbeitsplatz ausgelegt ist – im Beispiel mit den Kundenanfragen also davon, wie viel Echtzeitkontakt nach außen möglich und sinnvoll ist.

Ein IT-Supportteam zum Beispiel muss permanent verfügbar, intern bestens abgestimmt und außerdem von der maximal schnellen Truppe sein. Arbeiten einzelne Mitarbeiter des Teams nebenher in der Entwicklung, so muss klar sein, wer sich in dieser Zeit um die eingehenden Anfragen kümmert. Für solche Zwecke lassen sich Gruppenpostfächer einrichten, die in rotierendem Rhythmus geleert und abgearbeitet werden. Außerdem muss die konzentrierte Arbeit einen Rückzug ins Backoffice erlauben, wo kein ständiger Telefonterror herrscht.

Abstrakt gesagt: Der Prozess muss so organisiert sein, dass mehrere Mitarbeiter sowohl befugt als auch kompetent sind, um allgemeine Anfragen etwa via info@...-Mailadresse im Rahmen der normalen Geschäftszeiten innerhalb von zwei Stunden beantworten zu können. Und das ist etwas ganz anderes als alle zehn Minuten auf das Mailprogramm zu schielen statt zu arbeiten.

Konzentriertes Arbeiten für JEDEN

»Zwei Stunden lang ungestört arbeiten? Das geht nicht.«

»Bei mir klingelt die ganze Zeit das Telefon!«

Assistenten, Mitarbeiter im Kundensupport oder an Arbeitsplätzen mit ständigem Kundenkontakt sagen uns immer wieder, ihr Tag ist zu 100 Prozent fremdgesteuert. Wir verstehen das Dilemma, sehen es aber anders.

Selbst bei einem Job, der ausschließlich darin besteht, auf Kundenanfragen zu reagieren, *können* sich die Mitarbeiter Zeitinseln verschaffen, um die schriftliche Kommunikation, das Nachfassen nach Telefonaten oder einfach Prozessoptimierungen ungestört zu erledigen. Die Lösung: ein funktionierendes Rotationssystem.

Ja, es stimmt: Auch das Telefon des Kollegen klingelt rund um die Uhr. Aber wer hat gesagt, dass man ein Telefon nicht umstellen kann?

Wenn in einer Service-Abteilung jeder Mitarbeiter für zwei Stunden das Telefon der Kollegen übernimmt, dann hat jeder Mitarbeiter in diesem Team ein-zweimal pro Woche jeweils zwei Stunden »telefonfrei« und kann sich Entwicklungstätigkeiten widmen.

Hierfür muss aber eines raus aus den Köpfen: Das Denken in festen Zuständigkeiten. Statt Zuständigkeiten braucht es Verantwortlichkeit. Das Rotationsprinzip gelingt nur, wenn alle Beteiligten die komplette Verantwortung übernehmen für ihr Tun. Also nicht die Kunden der Kollegen auf später vertrösten, weil sie nicht der übliche Ansprechpartner sind, sondern sofort alle Probleme lösen – auch die, um die sich sonst der Kollege gekümmert hätte. Die einzige Voraussetzung hierfür: Kompetenz.

Rotationssysteme helfen Mitarbeitern, sich gegenseitig den Rücken zu stärken und sich Blöcke für Eigenarbeit zu nehmen. Doch was tun, wenn der Chef derjenige ist, der ständig mit einer neuen Aufgabe reinkommt? Wir sind der Meinung, selbst Assistenten können ihrem Chef »Nein« sagen. Natürlich auf höfliche und konstruktive Art und Weise. Dem Chef »Nein« sagen sieht so aus:

»Ja, gerne. Die Frage, die ich mir stelle, ist nur ...« Dann geht es darum, darzulegen, welche anderen Tätigkeiten mit welcher Priorität da sind, und ihn zu fragen: »Wie reiht sich das für Sie ein? Oder einfach: Bis wann brauchen Sie das?« Unsere Erfahrung ist, dass die meisten Mitarbeiter sich gar nicht trauen, ihren Chef nach solchen Informationen zu fragen. Wenn sie sich aber doch ein Herz fassen und Führungskräfte lapidar antworten: »So schnell wie möglich«, dann zwingen sie ihre Mitarbeiter ins Hamsterrad, statt ihnen zu helfen, in Echtzeit zu arbeiten.

Also: Damit auch Sie konzentriert arbeiten können, geben Sie Ihren Mitarbeitern klare Prioritäten und helfen Sie ihnen mit Rotationsverfahren, sich Zeitinseln für ruhige Arbeiten freizuschaufeln.

Ein Spezialfall sind Selbstständige, die keine Assistenz haben, und praktisch rund um die Uhr reaktionsfähig sein müssen. Während der üblichen Geschäftszeiten telefonisch, außerhalb der Geschäftszeiten per Mail. Wie soll der freie Architekt, Designer, Journalist, Trainer etc. dann bitte noch zum Arbeiten kommen?

Indem er entweder den Anrufbeantworter mit eiserner Konsequenz bespricht und darauf ein Zeitfenster nennt, bis wann der Anrufer mit einem Rückruf rechnen kann. Oder indem er in Stoßzeiten ein Callcenter damit beauftragt, die Anrufe entgegenzunehmen, und bereits erste Informationen herauszugeben.

Es erfordert auf beiden Seiten viel Disziplin, eine solche Umstellung jeden Tag aufs Neue mit zu üben, indem man sie konsequent lebt – keineswegs sollten Sie eine Änderung von heute auf morgen erwarten. Wie bei jedem Triathleten, der regelmäßig einen Halbmarathon läuft und seinen Fitness- und Ernährungsplan konsequent durchhält, gilt es vielmehr, den Faden nicht abreißen zu lassen. Bis die neue Praxis zur Routine wird.

Fallen Sie allerdings bitte nicht einem bösen, unter Mitarbeitern und Führungskräften weitverbreiteten Irrtum zum Opfer: dem Glauben, irgendwann in der Zukunft auf einen Berg erledigter Aufgaben zurückzublicken.

»So, alles geschafft. Fertig! Erst jetzt hab ich endlich Zeit für was Neues!«

Der Gedanke, den Schreibtisch irgendwann später einmal frei zu haben für neue Aufgaben, ist völlig illusorisch. Er ermutigt bloß dazu, Entscheidungen munter weiter zu verschieben und zu vertagen, anstatt sich sofort mit ihnen zu befassen. Stattdessen landen sie in der Ablage, neben vielen anderen Aufgaben.

Deshalb: Holen Sie sich und geben Sie Ihren Mitarbeitern ein Stück Selbstbestimmung zurück, indem Sie Entscheidungen stets sofort treffen. Anders gesagt, der richtige Zeitpunkt für eine Entscheidung ist immer: Jetzt!

Der richtige Zeitpunkt für eine Entscheidung ist immer: Jetzt!

Das gilt immer und grundsätzlich. Sie können jederzeit eine Entscheidung treffen, und sei es nur die Entscheidung, dass Sie nicht jetzt sofort den Liefertermin für den Kunden Mayer bestimmen, sondern morgen um 10 Uhr im Meeting mit der Produktionsabteilung. Unsere Erfahrung ist leider, dass die meisten Menschen das Aufschieben einer Entscheidung, weil ihnen die Informationsbasis fehlt, jedoch etwas anders verstehen. Der Klassiker: Um diese Aufgabe kann ich mich nicht jetzt kümmern.

»Wann kümmern Sie sich darum?«, fragen wir in solchen Fällen unsere Klienten.

»Na, immer wenn ich zwischendurch Zeit habe!«, lautet meist die lapidare Antwort.

»Und wie lange sind diese drei Aufgaben da schon gespeichert?«, haken wir nach – nur um zu erfahren, dass der Zeitraum Wochen, wenn nicht Monate umfasst. Schließlich war ja noch nie Zeit dafür.

Mit anderen Worten: Aufgeschobene Entscheidungen führen in den meisten Fällen dazu, dass Sie überhaupt nicht entscheiden. Weil Sie sich in dem Glauben wiegen, dass irgendwann der Tag um die Ecke kommen wird, an dem Sie spontan Lust auf genau diese eine Entscheidung haben. Doch das ist ein Irrglaube! Dieser Tag wird nie kommen, wie Ihnen sein Schutzpatron Sankt Nimmerlein sofort bestätigen würde, wenn es ihn denn gäbe.

Dieser Trugschluss erinnert uns immer an einen Goldhamster in seinem Rad – von innen sieht das Hamsterrad ja auch aus wie eine steile Karriereleiter. Also schön weiterstrampeln ...

Spaß beiseite – steigen Sie aus dem Hamsterrad aus!

Die Quintessenz ist die: Aufgaben dürfen nie ohne Termin abgelegt werden. »Aufgaben« ohne Fälligkeitsdatum können genauso gut direkt gelöscht werden, weil man sie ja doch nie erledigt. Höchstens das schlechte Gewissen nagt ein bisschen an der eigenen Zufriedenheit:

»Was für eine lange Liste! Das schiebe ich jetzt alles schon seit Monaten vor mir her und schaffe es einfach nicht, mich endlich darum zu kümmern!«

Aber mehr auch nicht. Darin besteht letztlich der Teufelskreis, der Ihnen und Ihren Mitarbeitern schlaflose Nächte bereitet. Im Grunde sind Sie alle intrinsisch motiviert und dazu bestrebt, gute Arbeit zu leisten. Mit einem Rattenschwanz von »Irgendwann-To-dos« wird das jedoch immer schwieriger bis unmöglich.

Das Echtzeit-Prinzip rettet vor diesem Teufelskreis. Es verlangt von Ihnen, Entscheidungen zu treffen oder aber Entscheidungen zu vertagen und dann zu fällen, wenn sie als Wiedervorlage aufpoppen.

Falls es Ihnen einmal nicht möglich ist, eine Entscheidung unverzüglich zu fällen, wird sie deshalb auf einen verbindlichen Termin verlegt. Und das ist eine Entscheidung! Dazu können Sie eine Wiedervorlagemappe verwenden, die »Aufgaben«-Funktion Ihrer Bürosoftware oder Ihr Smartphone. Hauptsache, jede vertagte Entscheidung poppt zum definierten Termin wieder auf – und Sie entscheiden dann.

Ach ja – mehr als dreimal verschieben gilt nicht! Überlegen Sie mal: Wenn Sie eine Sache schon zum dritten Mal aufgeschoben haben, kann sie dann wichtig sein? Vielleicht ist es eher an der Zeit, sie in den Mülleimer zu befördern. Und hüten Sie sich davor, verschobene Aufgaben in Outlook ohne Termin zu speichern. Ohne Deadline, ohne Verfallsdatum schmoren solche Aufgaben unserer Erfahrung nach unbeachtet vor sich hin.

Regel Nr. 2: Liefertermine werden immer eingehalten – oder unterboten

Haben Sie schon mal erlebt, dass der Weihnachtsmann seinen Liefertermin verpasst hat? Also, wir noch nicht. Bisher hat er immer pünktlich zum 24. Dezember geliefert. Für uns erklärt sich daraus die überaus treue Kundschaft, zudem noch weltweit. Etwas, wovon viele Unternehmen nur träumen können. Allerdings können sie noch lange träumen, solange sie immer wieder Liefertermine versäumen. Ein-, zweimal enttäuscht – und der Kunde bestellt eben woanders.

Wie kommt es überhaupt dazu? Was ist so schwer daran, Zusagen einzuhalten? Wir meinen, dass es mindestens zwei Gründe gibt: Erstens sind Mitarbeiter mit Kundenkontakt bei ihren Zusagen einfach zu optimistisch. Nach dem Motto: Wird schon klappen! Hauptsache, ich kann dem Kunden jetzt eine positive Botschaft überbringen; hinterher schauen wir, wie wir es ausbaden. Zweitens unterlassen es Mitarbeiter, bevor sie einen Termin festlegen, sich mit dem Team abzusprechen, um zu gewährleisten, dass tatsächlich zum Termin geliefert werden kann.

Natürlich weiß jeder Mitarbeiter, dass das Unternehmen es sich mit dem Kunden verscherzt, wenn es unzuverlässig ist. Außerdem kennen Mitarbeiter den Druck, der entsteht, wenn unrealistische Termine schlichtweg nicht einzuhalten sind. Der erste Reflex, das Problem zu umgehen, sieht dann häufig so aus:

»*Wenn ich das jetzt zusage, sehe ich alt aus, wenn ich es hinterher nicht einhalten kann. Schaffe ich das überhaupt? Keine Ahnung. Nee, lieber lege ich mich gar nicht erst fest!*«

Damit gewinnt man natürlich gar nichts. Einerseits wird der Kunde von vornherein im Unklaren gelassen, wann denn das Päckchen bei ihm eintrudelt. Ein Unding! Andererseits weiß im Unternehmen bald keiner mehr, welche Aufgabe zuerst erledigt werden muss. Mit der Folge: Chaos und zusätzlicher Stress.

Es gibt nur einen Weg für ein Echtzeit-Unternehmen: verbindliche Zusagen! Es gibt nur einen Ausweg und nur einen Weg für ein Echtzeit-Unternehmen: verbindliche Zusagen. Heißt: Liefertermine werden *immer* eingehalten. Die einzige Ausnahme: Wenn sie unterboten werden.

Wenn dieses Prinzip der Verbindlichkeit in den Köpfen aller Mitarbeiter verankert ist, gehen absolut alle im Unternehmen auf einmal ganz anders miteinander um. Wird einem Kunden ein Termin zugesagt, sind alle dran interessiert, alle Hebel in Bewegung zu setzen, um diesen Termin auch einzuhalten. Denn jedem ist klar: Es gibt keine Alternative!

Und wie soll das gehen, ohne Herzinfarkt? Es geht sehr gut. Indem erstens ein realistischer Termin vereinbart wird, dessen Einhaltung also durch interne Abstimmung gesichert ist, und zweitens ein Puffer eingebaut wird.

Ja, wir wissen, Pufferzeit ist teuer. Je mehr Puffer, desto höher die Kosten für ein Projekt. Unter Projektmanagern ist es gängige Praxis, wenig Puffer einzuplanen, damit das Projekt möglichst billig daherkommt. Wissen wir. Aber wir wissen auch, wie das Spiel weitergeht. Ein paar Wochen oder Monate nach dem Start wird dann einfach zurückgemeldet, dass man sich leider verkalkuliert hat und die Laufzeit um zwei Monate verlängert werden muss.

Na super! Wo bleibt die Kostenersparnis? Der einzige Unterschied zwischen mehr eingeplantem Puffer und dem »absichtlichen« Verkalkulieren besteht in der Lehre, dass festgefahrene Hierarchien und übliche Genehmigungsprozesse in großen Unternehmen diktieren, wo's langgeht!

Oder haben Sie je irgendeinen Projektmanager sagen hören, dass sein Projekt zur Abwechslung einen Monat früher fertig wird als geplant? Das wäre doch mal was: »Chef, gute Neuigkeiten! Wir haben uns rangehalten und für den Rest des Quartals Kapazitäten frei!« Wunschdenken? Warum ist es offenbar nicht möglich, von vornherein genügend Puffer einzuplanen, so dass es im »Best Case« zu messbarer Zeitersparnis kommt? Der gefühlte Stress in der Endphase, wo es immer irgendwie knapp wird, scheint oft schlicht künstlicher Natur zu sein. Seien Sie ehrlich; etwas gerade noch so hinzukriegen, erscheint manch einem der eigenen Karriere förderlicher, als offen zuzugeben, zwei Wochen früher fertig geworden zu sein.

Wie dem auch sei. Ohne vernünftig kalkulierten Puffer setzen Sie alles auf eine Karte. Und das kommt für ein Echtzeit-Unternehmen nicht in Frage. Denn in solchen Drucksituationen entstehen Fehler am laufenden Band. Und das kann wirklich teuer werden. Haben sich Führungskräfte und Mitarbeiter aber an die neue Art der Verbindlichkeit gewöhnt, wird sie unserer Erfahrung nach nicht mehr als Druck empfunden. Vielmehr schätzen Kunden und Mitarbeiter die Tatsache, dass es klare Spielregeln gibt.

Und wenn sich Ihr Puffer als zu großzügig erweist und Sie vor dem vereinbarten Termin lieferfähig sind? Dann haben Sie die Chance, früher zu liefern und den Kunden positiv zu überraschen. Vorausgesetzt, es ist Ihrem Kunden auch wirklich recht. In der Logistik gibt es Fixtermine, die zu unterbieten genauso fatal wäre, wie sie überhaupt nicht wahrzunehmen, weil im Lager vielleicht noch gar kein Platz für die neue Lieferung vorhanden ist.

Grundsätzlich ist es für den Kunden am besten, wenn der Termin so eingehalten wird, wie abgesprochen. Zum einen, weil der Kunde seinen eigenen Terminplan hat. Und nicht wegen Ihrer verfrühten Lieferung noch umdisponieren möchte. Zum anderen, weil stets unterbotene Liefertermine auch das Misstrauen des Kunden wecken können:

»Warum nennt der mir erst einen Termin und kommt dann immer eine Woche früher? Kann der sich an seine eigenen Termine nicht halten? Oder hat der sonst nichts zu tun?«

Um derartige Zweifel gar nicht erst aufkommen zu lassen: Das richtige Maß ist Trumpf! Und das richtige Maß ist die Punktlandung.

Terminvereinbarung: 100 % verbindlich

Es gibt vier Voraussetzungen für Verbindlichkeit im Unternehmen:
1. Transparenz
2. Transparenz
3. Transparenz
4. Und eine Kultur des Realismus

Mit Transparenz meinen wir dreierlei:
- die Klarheit jedes Mitarbeiters über die eigene Auslastung und Aufgabenplanung.
- den Überblick über die Aufgaben und die Auslastung des gesamten Teams.
- und die Klarheit über die Unternehmensziele.

Außerdem braucht das Unternehmen eine Kultur des gesunden Realismus. Die meisten Unternehmen, die wir bei unseren Beratungen kennengelernt haben, ertragen keine realistischen Angaben. Sowohl Mitarbeiter als auch Führungskräfte geben bei der Terminvereinbarung an:

Bis wann schaffe ich es im besten Fall?

Die Wahrscheinlichkeit, dass etwas dazwischenkommt, liegt aber bei 99 Prozent. Mit Realismus meinen wir, an die Terminvereinbarung pessimistisch ranzugehen und die Frage zu stellen:

Bis wann schaffe ich es auf jeden Fall?

Erst mit dieser Frage eröffnet sich die Möglichkeit, eine Zusage auch mal überzuerfüllen. Also: Realismus statt Optimismus!

Sind Transparenz und Realismus gegeben, steht einer Verbindlichkeitsquote von 100 Prozent bei der Vereinbarung von Terminen nichts mehr im Weg.

Und so sieht das konkret aus:

Der einfache Fall

Die Zusage liegt im Verantwortungsbereich einer einzigen Person. Damit diese verbindlich ist, braucht es eine ordentliche Monatsplanung, die auf eine gute Wochen-, und Tagesplanung heruntergebrochen ist. Wer diese Planung regelmäßig macht, kann jederzeit leicht abschätzen, wo noch Puffer vorhanden ist, und was er zusagen kann. Wer *keinen* Plan hat, kann NIEMALS verbindliche Zusagen machen.

> **Der anspruchsvolle Fall**
>
> Teamarbeit! Ein Blick in den eigenen Kalender reicht nicht, um eine Zusage zu machen. Am Produktionsprozess sind auch andere beteiligt. Ein klassischer Fall für Verkäufer und Kundenberater.
>
> Was müssen diese Mitarbeiter wissen, um verbindliche Termine zu vereinbaren?
>
> 1. Sie müssen den Produktionsprozess gut kennen und über Erfahrungswerte zur Dauer aller Schritte verfügen.
> 2. In besonderen Fällen (begrenzte Kapazitäten, Unregelmäßigkeiten oder bei hochindividuellen Produkten) braucht es eine klare zeitliche Absprache mit allen Beteiligten.
> 3. Und schließlich braucht es den bei jeder Zusage obligatorischen Puffer! Unser besonderer Tipp: Je kleiner die Erfahrung ist, desto größer sollten die Pufferzeiten gewählt werden. Anfangs ist das unangenehm, zugegeben. Der kleine Schmerz am Anfang läuft aber immer auf eine höhere Zufriedenheit hinaus. Denn nichts ist schöner als nicht genutzter Puffer!
>
> Besonders hilfreich ist es, die Prozesse zu visualisieren. Mit Bildern, Netzplänen oder Skizzen, die gut sichtbar aufgehängt oder mit wenigen Klicks erreichbar sind, schaffen es Teams viel schneller, die Schnittstellen zu finden, an denen es hakt, und die Probleme zu beseitigen.
>
> Erfolgreiche Planung ist schließlich nichts anderes als Erfahrung mit dem Prozess und der Reserve – also der Pufferzeit.

Die Umstellung: ein magischer Moment!

Wie gelingt nun aber die Umstellung auf das Echtzeit-Prinzip – zumal wenn lange Zeit das »Das-mache-ich-später«-Prinzip vorgeherrscht hat?

Um Ihre Mitarbeiter auf das Echtzeit-Prinzip einzuschwören, müssen Sie ihnen erst einmal die Vorteile verdeutlichen. Kommunizieren Sie klar den Nutzen, den Sie sich von der neuen Methode versprechen. Nur dann können Sie davon ausgehen, dass sich Ihre Mitarbeiter auch dazu committen, anstatt sie zu sabotieren.

Der kurzfristige Nutzen bezieht sich zum einen auf die Kundenbeziehungen. Die Kunden werden die Reaktionsgeschwindigkeit Ihres Unternehmens loben und die Kompetenz der Antworten auf Anfragen als deutlich höher empfinden. Mit einem Wort: Sie ernten positives Feedback aus dem Markt. Und Ihre Mitarbeiter Anerkennung von den Kunden. Wer würde diese Gelegenheit ungenutzt lassen?

Langfristig gibt es jedoch auch intern einen Nutzen, der sich direkt auf die Mitarbeiter auswirkt: Stress wird abgebaut, die allgemeine Arbeitszufriedenheit steigt, und es verbreitet sich unter Mitarbeitern wie Führungskräften das neue, angenehme Gefühl, nicht mehr die Gejagten ihrer Aufgaben zu sein. Dadurch, dass sie sich ihre Aufgaben eigenständig einteilen, haben sie einen besseren Tages- und Wochenüberblick. Es ergeben sich mittelfristig höhere Pufferzeiten und damit größere Planungssicherheit. Mit der Zeit werden Ihre Mitarbeiter immer schneller Entscheidungen treffen können. Und zwar nicht nur *wie* sie Aufgaben lösen, sondern welche Aufgaben sie wann lösen können.

Die Umstellung in Kürze: Sie frieren den Status quo ein und fangen bei Null an!

Wenn Sie Ihren Mitarbeitern diese Vorteile erfolgreich kommuniziert haben, wird es ernst mit der Umstellung. Machen Sie sich bitte nicht vor, dass Sie erst einmal den Arbeitsberg, der vor Ihnen liegt, abarbeiten können, um erst danach, mit reinem Tisch, mit der Umstellung auf Echtzeit anzufangen. Das wird nie funktionieren, weil der Berg nie abgearbeitet ist. Oder haben Sie schon einmal Zeiten erlebt, an denen Sie im Büro nichts zu tun hatten? Eben. Deshalb ist unser Tipp: Starten Sie SOFORT! Frieren Sie den Status quo ein – egal, wie dieser ist – und fangen Sie ab jetzt bei Null an.

Das klingt dramatischer, als es ist: Versetzen Sie Ihre Mitarbeiter direkt in die Lage, in Echtzeit zu arbeiten, anstatt zuerst ihren jeweiligen Aufgabenberg mit einem Zahnstocher abtragen zu müssen. Lassen Sie sie spüren, wie sich ihr Arbeitsfeld verändert, wie die Prozesse flüssiger vonstattengehen: Keine Aufgaben tauchen mehr plötzlich aus der Versenkung auf, kein Termin wird mehr verschwitzt, kein Kunde hat Grund, sich noch zu beschweren.

Was für die externe Kundschaft gilt, gilt übrigens erst recht für interne Kunden. Manche nennen sie auch »Kollegen«. Die Personalabteilung eines Unternehmens beispielsweise hält zwar nach außen hin Kontakt zu neuen Bewerberinnen und Bewerbern – ansonsten aber ist sie ein rein interner Servicedienstleister, der sicherstellt, dass die einzelnen Fachabteilungen nicht wegen Personalmangels dichtmachen müssen. Oder denken Sie an das Controlling: Auch hier besteht die Kundschaft überwiegend aus Vertretern anderer Abteilungen.

Es versteht sich von selbst, dass Mitarbeiter und Führungskräfte in beiden Bereichen genauso verbindlich agieren, wie sie es auch gegenüber externen Kunden tun würden. Wobei: Controller schaffen das unserer Erfahrung nach meistens, ohne dass man sie lange bitten müsste. Vielleicht bringen Leute, die im Controlling arbeiten, von sich aus die Art von Persönlichkeitsstruktur mit, die der Arbeit nach dem Echtzeit-Prinzip entgegenkommt. Wir haben jedenfalls noch nie von einem Fall gehört, in dem ein fälliger Monatsabschlussbericht nicht auch innerhalb einer Fünftagesfrist an die Geschäftsleitung geliefert worden wäre.

Gleiches gilt für den Chef. Wir sind zwar keine Fans der Open-Door-Policy – es ist wenig konstruktiv, wenn jeder jederzeit ins Chefbüro hinein stiefelt. Aber: Es muss gewährleistet sein, dass die Mitarbeiter den Unternehmensführer im Bedarfsfall zeitnah greifen können. Und wenn nicht: Eine verbindliche Zusage des Chefs, bis wann sie mit einer Entscheidung rechnen können, genügt schon.

Alles ist besser, als Unverbindlichkeit und Gleichgültigkeit, nur weil das Anliegen eines Mitarbeiters in der Prioritätenliste des Chefs gerade ziemlich weit unten rangiert. Dann sollte der Chef genau dieses Signal aussenden:

»Wissen Sie, das ist im Moment nicht so wichtig. Heute in vierzehn Tagen widmen wir uns der Sache, das reicht.«

Oder:

»Das muss ich mir durch den Kopf gehen lassen. Ich nehme es auf die Liste – bis nächsten Montag kriegen Sie eine Antwort.«

Dann weiß der Mitarbeiter Bescheid und kann sich um wichtige Dinge aus Quadrant II kümmern. Ansonsten entsteht bloß unnötige Untersicherheit und womöglich ein Schaffensloch. Eleganter ist es natürlich immer, wenn der Chef die Entscheidung gleich trifft, damit die Arbeit um ihn herum effizient weitergehen kann.

Es kann ein steiniger Weg sein, das Echtzeit-Prinzip in einem konventionell geführten Unternehmen um- und durchzusetzen. Ein verdammt steiniger sogar. Am Anfang besteht sowohl bei den Mitarbeitern als auch unter den Führungskräften erfahrungsgemäß eine enorm hohe Beharrungs- und Widerstandskraft. Eine unbewusste natürlich. Sie werden nicht müde zu beweisen, dass das Echtzeit-Prinzip in ihrem Unternehmen auf keinen Fall funktionieren kann. Und das hört sich dann oftmals so an:

»Es kommt viel zu viel Unplanbares rein, und außerdem hab ich auch so schon viel zu viel Arbeit!«

»Na ja, wenn sich auch meine Kollegen radikal umstellen, dann kann ich jederzeit nach dem Echtzeit-Prinzip arbeiten. Aber mir funkt dauernd jemand dazwischen. Die Werbeabteilung liefert ihre Konzepte nie pünktlich, der Chef hält sich nicht an seine eigenen Fristen – keine Chance!«

»Ich habe so dermaßen komplexe Aufgaben, die könnte nicht mal Gott persönlich sofort entscheiden!«

»Ach, wisst ihr ... manche Dinge erledigen sich von ganz allein, wenn man sie nur lang genug liegen lässt.«

»Ich krieg' so viele Informationen über alle Kanäle, die können nicht alle sofort bearbeitet werden. E-Mails, Telefon, Rundschreiben, Newsletter, Briefpost, Anfragen über Xing, Facebook und WhatsApp – ich weiß ja jetzt schon kaum mehr, wo ich anfangen soll!«

»Wir sind ein internationaler Konzern mit Kunden auf der ganzen Welt. Morgens kommen Anfragen aus Australien rein, abends aus den USA. Die alle in Echtzeit beantworten? Da lachen ja die Hühner!«

Vielleicht liegt auch ein Missverständnis vor: Der Begriff »Echtzeit-Prinzip« wirkt einschüchternd, weil er auf den ersten Blick impliziert, dass überhaupt nichts mehr geplant, sondern nur noch unverzüglich auf jeden Reiz von außen reagiert wird.

Ein guter Plan ist die halbe Miete für effiziente Arbeit nach dem Echtzeit-Prinzip. Die andere Hälfte besteht im Einhalten des Plans.

Dem ist aber nicht so. Umgekehrt wird ein Schuh draus! Nicht zu jeder Zeit reagieren, sondern vorher planen. Realistisch und effektiv. Ein guter Plan ist die halbe Miete für effiziente Arbeit nach dem Echtzeit-Prinzip. Die andere Hälfte besteht im Einhalten des Plans. Jeder noch so gute Plan ist keinen Pfifferling wert, wenn er nicht eingehalten wird!

Auch bei der persönlichen Planung des Arbeitstages liegt das Geheimnis – wie bei den Projekten – im Puffer!

Die meisten Führungskräfte in Unternehmen verplanen ihre eigene Zeit und die ihrer Mitarbeiter zu 100 Prozent. Solche Planungen führen sich spätestens in dem Moment ad absurdum, in dem sie selbst fertig sind. Weil: Es kommt immer irgendwas dazwischen!

Nur mal angenommen, Sie als Chef glauben uns und planen für eine bestimmte Kalenderwoche 40 Prozent Pufferzeit ein. Am Montagmorgen melden sich zwei Ihrer wichtigsten Kollegen aus der Führungsebene krank. Ihr Bürorechner macht alles, nur nicht das, was er soll, und das Handy des Computertechnikers ist dauerbesetzt. Ihre Sekretärin tritt ein und meldet, dass der potenzielle Joint-Venture-Partner das Meeting von 11:30 Uhr um anderthalb Stunden vorverlegen will – dabei haben Sie wegen des streikenden PCs noch nicht mal Zugriff auf die neuesten Daten zum Projekt.

Was macht Ihr Puffer? Der schmilzt dahin wie Butter in der Sonne! Und Sie rotieren jetzt schon, um alle Bälle in der Luft zu halten. Dabei wissen Sie noch gar nicht, dass gleich Ihr Handy klingeln wird: Ihr Produktionsleiter hat vor, Ihnen einen Wasserschaden in Maschinenstraße A zu melden ...

Worauf wir hinauswollen: Wir behaupten keineswegs, dass das Echtzeit-Prinzip eine Freikarte ins stressfreie Unternehmerleben ist! Aber wir wissen aus Erfahrung: Das Echtzeit-Prinzip reduziert den Stress, der sowieso an jeder Ecke lauert, auf ein Minimum. Vorausgesetzt, Sie haben gut geplant – was reichlich Pufferzeit mit einschließt.

Aber machen wir uns nichts vor. Gut möglich, dass es in manchen Unternehmen bei der Einführung des Echtzeit-Prinzips notwendig ist, Überstunden zu machen – je nachdem, wie stark sich der bisherige, konventionelle Führungsstil in die Köpfe der Mitarbeiter eingebrannt hat.

Da gilt es erst einmal, die turmhohen Berge angestauter Aufgaben abzuarbeiten. Vieles davon darf ruhig im Mülleimer landen. Das meiste aber erfordert viel Bereitschaft und Einsatz, um die ganzen Altlasten abzubauen und den Weg für die Umstellung freizumachen.

Das fängt bereits im Kopf an. Am Anfang der Umstellung auf das Echtzeit-Prinzip fühlen sich die Mitarbeiter unserer Erfahrung nach extrem unter Druck, wenn ihnen auf einmal »verordnet« wird, immer sofort zu reagieren. Denn im Grunde haben sie genau davor Angst – schnell zu entscheiden! Es ist nicht die Aufgabe an sich, die man lieber vertagt, sondern die Entscheidung, wie man die Aufgabe löst. Deshalb sollten Sie Ihren Mitarbeitern die Idee des Echtzeit-Prinzips als klaren Benefit kommunizieren:

»Allen Mitarbeitern wird ab sofort die Freiheit zugestanden, jederzeit und eigenständig Entscheidungen zu treffen!«

Es wird eine Weile dauern, bis die Mitarbeiter dies verinnerlicht haben. Und sie werden Fehler machen. Das ist normal, gehört dazu und kann mit einer funktionierenden Fehlerkultur gut abgefangen werden.

Bereits im Zuge der mühsamen Anfangsphase zählt vor allem eine wichtige Grundvoraussetzung, um das Echtzeit-Prinzip auch langfristig umsetzen zu können: flexible Arbeitszeiten! Im Tagesgeschäft fallen oft genug Peaks an, die in Echtzeit bewältigt werden wollen. Mit striktem 9-to-5 und genau festgelegten Arbeitsfeldern, die von den immer gleichen Mitarbeitern abgedeckt werden, ist ein Scheitern vorprogrammiert.

Einfache Lösung: Verteilen Sie mehr Mitarbeiter mit flexiblen Arbeitszeiten auf unterschiedliche Aufgabenbereiche, beispielsweise indem Sie eine ehemalige Vollzeitstelle auf zwei Teilzeitkräfte splitten. Wenn jede von beiden eine halbe Überstunde macht, sind Sie besser aufgestellt als mit der Vollzeitkraft und den ein bis zwei Überstunden, die diese allein übernehmen müsste. Arbeit für acht Stunden teilen Sie sich ja schließlich auch anders ein als Arbeit für vier Stunden!

Außerdem zahlt es sich unserer Erfahrung nach aus, Kernzeiten festzulegen, in denen das Unternehmen für die Außenwelt erreichbar ist – was aber nicht heißt, dass sich die Arbeit im ganzen Betrieb strikt nach diesen Zeiten zu richten hat. Vielleicht nimmt ab 18:00 Uhr der AB die Anrufe entgegen. Trotzdem kann noch jemand vor Ort sein, der E-Mails bearbeitet oder die Buchhaltung erledigt. Je flexibler das Arbeitszeitenmodell, desto besser funktioniert das Echtzeit-Prinzip!

Hilfreich bei der Umsetzung und Beibehaltung des Echtzeit-Prinzips sind natürlich auch ein paar Tools, die wir Ihnen nicht vorenthalten möchten. Da wäre zum einen die professionelle To-do-Liste Marke Stargardt. Danach besitzt jede Aufgabe zwingend zwei Parameter:

1. Jede Aufgabe hat einen Termin.
2. Jede Aufgabe hat eine Priorität.

Die Prioritätenkategorien richten sich grob nach der Eisenhower-Matrix, also nach Dringlichkeit und Wichtigkeit. Operativ haben wir persönlich das direkt in den Aufgabennamen umgesetzt: Sie beginnen immer mit A, B oder C.

Aufgaben der Kategorie A sind wichtig und dringend, also aus dem ersten Eisenhower-Quadranten. Um die müssen wir uns sofort und persönlich kümmern, die nehmen wir uns also immer als Erste vor.

B-Aufgaben sind wichtig, aber nicht dringend – zweiter Quadrant. Die sind nach den A-Aufgaben dran.

Bleiben die C-Aufgaben übrig – weder wichtig noch dringend, oder nur dringend, aber nicht wichtig. Die delegieren wir an kompetente Mitarbeiter.

Wenn dann noch Zeit übrig ist, schauen wir, was am Folgetag ansteht, und ziehen Aufgaben eventuell vor.

Wie kommen Sie an solche Aufgabenlisten? Indem Sie für jeden Tag am Vorabend einen Tagesplan erstellen. Und zwar schriftlich! Nebenbei vermeiden Sie, dass Sie Aufgaben auf den letzten Drücker erledigen. Stattdessen terminieren Sie Ihre Aufgaben automatisch so, dass Sie abschätzen können, dass und wann Sie sie erledigen.

Das Stichwort »Tagesplan« schreckt Sie hoffentlich nicht ab. Wir kennen genügend Menschen, die sich dadurch unter Druck gesetzt fühlen: »Oje, dann bin ich ja morgen total gebunden und unflexibel, und außerdem – wann soll ich denn je mal abschalten und mit den Gedanken von der Arbeit loskommen, wenn nicht am Abend?«

In Wirklichkeit ist es genau umgekehrt.

Ein Beispiel aus unserer Seminarpraxis: Einer der Teilnehmer beklagte sich über den Umstand, dass er mit einer detaillierten Tagesplanung abends nicht mehr von der Arbeit abschalten könne.

»Und übrigens, die Planung mach ich ja eh schon.«

Wir fragten ihn, wie er die Planung erledige.

»Auf dem Nachhauseweg in der S-Bahn. Da lasse ich mir alles genau durch den Kopf gehen.«

Erwischt! Das war genau der Fehler!

Wer die Planung für den nächsten Tag im Kopf absolviert, dem bleibt sie auch den ganzen Abend über im Kopf haften. Ein schriftlicher Plan dagegen entlastet und wirkt befreiend – egal ob nun auf Papier, am PC oder per Tablet-Computer. Was Sie aufschreiben, ist raus aus Ihrem Kopf. Eine Riesenentlastung! Noch ein Anti-Stress-Faktor!

Nicht zuletzt verleiht ein fertiger, schriftlicher Tagesplan mit Aufgaben nach dem A/B/C-Schema Ihrem Tag bereits Struktur, sobald Sie morgens im Büro ankommen. Sie wissen genau, was zu tun ist, und legen umso zielgerichteter und effizienter los.

Diese professionelle Art der To-do-Liste hat sich bei uns schon tausendmal bezahlt gemacht. Immer vorausgesetzt, sie liegt schriftlich vor!

Was ein »To-don't-Liste« sein soll? Ganz einfach: Die Fähigkeit, nein zu sagen. Zu wissen, was Sie nicht leisten können oder wollen.

Ebenso übrigens die professionelle To-don't-Liste, wie sie bereits Tom Peters seit den 80'ern fordert. Auch sie gehört untrennbar zum Echtzeit-Prinzip. Was eine »To-don't-Liste« sein soll? Ganz einfach – die Fähigkeit, nein zu sagen. Zu wissen, was Sie nicht leisten können oder wollen.

Die allermeisten Unternehmen und Mitarbeiter richten sich schon nach einem Punkt auf der »To don't-Liste«: Kundenanfragen, die überhaupt nicht ins Portfolio passen, werden sofort abgeblockt. So geht zum Beispiel in vielen Unternehmen ein klares »Nein« an jemanden, der im Sprachenzentrum einen Yoga-Kurs buchen will. Oder an denjenigen, der den Konditor seines Vertrauens bittet, das Dach neu zu decken.

Doch bei weniger absurden Kundenwünschen, die das Unternehmen aber belasten, hört die Konsequenz schnell auf. Eine To-don't-Liste hilft, auch hier nein zu sagen. Auf »liebevolle« Weise. Auch wenn der Kunde König ist, können und sollten Sie sich trauen, ihm auf Augenhöhe Alternativvorschläge zu machen.

Wie sieht eine solche To-don't-Liste konkret aus? Streng genommen ist es keine statische Liste, sondern sie entspringt eher einer Haltung des Hinterfragens.

Die To-don't-Liste sollten Sie immer wieder aufs Neue erstellen. Am besten, indem Sie alle Prozesse und Abläufe in regelmäßigen Abständen auf ihre Sinnhaftigkeit hinterfragen. Aber bitte nicht den Fehler machen zu denken: Wenn wir Zeit haben, überprüfen wir die Prozesse. Dieser Zeitpunkt wird nie kommen! Das wichtigste, was Sie benötigen, ist ein fester Termin im Kalender. Zum Beispiel so: Am 23. Oktober von 9 bis 13 Uhr: To-don't-Liste für die Managementprozesse.

Ein guter Anlass für solche Prozesssanierungen ist die Einarbeitung neuer Mitarbeiter. Denn sie haben einen unverstellten Blick auf das Geschäft und stellen die wichtigen Fragen: »WARUM machen wir das?« oder »WOZU ist das gut?«

Auf unsere aktuelle To-don't Liste kam zum Beispiel der Punkt: individuelle Termine für die Kunden organisieren.

Für unsere Teilnehmer in der Akademie haben wir eine Lernflatrate. Das bedeutet, die Teilnehmer dürfen kostenlos Seminartage wiederholen, oder verpasste Tage in anderen Kursen nachholen. Da es zu unseren Strategien gehört, die Teilnehmer individuell zu betreuen, haben wir lange für Kunden individuelle Termine herausgesucht. Sicher ein super Service – aber extrem zeitaufwändig. Und dann passen die mühselig vereinbarten Termine für den Kunden doch nicht, weil sie mit privaten kollidieren. Deshalb haben wir den Prozess umgestellt. Alle Seminarpläne sind für alle Kunden, auch von anderen Standorten, einsehbar. So können die Teilnehmer sich den für Sie passenden Termin raussuchen und direkt mit dem eigenen Kalender abstimmen. Diese Zeitersparnis lässt sich sogar als neuer Service verkaufen – die Kunden haben jederzeit einen Überblick, können sich die Antwort sofort selbst suchen und ganz individuell auch mit den eigenen privaten Terminen abstimmen.

Ein zweites Beispiel: Wir expandieren mit unserer Akademie und eröffnen regelmäßig neue Standorte. Das bedeutet, dass immer wieder neue Geschäftsführer-Kollegen eingearbeitet werden müssen. Nach der erfolgten Einarbeitung kommen dann aber in der Praxis dennoch viel Fragen auf, die eigentlich schon mal geklärt waren.

Natürlich helfen wir den Neuen weiter. Bevor wir aber zehnmal im Monat die gleiche Frage beantworten, überprüfen wir, ob die Antworten nicht schon irgendwo festgeschrieben sind. Die Antwort ist häufig: »Das finden Sie im Handbuch auf der S. 47 beschrieben. So können Sie sich das in Ruhe durchlesen und erarbeiten. Wenn Sie dann noch Detailfragen haben, bin ich gerne für Sie da.« Wir halten das für eine hilfsbereite und serviceorientierte Antwort. Und noch dazu die pädagogisch wertvollste.

Worum es uns geht: Dass Sie sich Ihre absolute Selbstbestimmung über die eigenen Aufgaben und Termine zurückholen. Denn ob nun To-dos und To-don'ts – entscheidend ist, dass Sie sich selber klarwerden, was Sie wollen und was Sie nicht wollen. Das gilt übrigens nicht nur für den Job als Unternehmer, sondern auch für das Privatleben.

Die To-Don't-Liste ist eine kompakte und übersichtliche Zusammenstellung aller sinnlosen Dinge, die im Unternehmen gemacht, inzwischen aber eingestellt wurden. Und der Dinge, die nie gemacht wurden und auch nie gemacht werden sollten.

Unsere To-don't-Liste

Wie gesagt: Die To-don't-Liste ist kein Stück Papier, das stets um einen Punkt erweitert wird, sondern ein regelmäßiger Durchgang aller Prozesse im Unternehmen. Es geht um die Gewohnheit, Dinge zu hinterfragen. Schließlich sind die To-dont's ebenso wie die To-dos stets im Wandel.

Unsere To-don't-Liste machen wir einmal im Jahr. Da nehmen wir alle Prozesse mit ihren Steckbriefen unter die Lupe und röntgen sie auf die Frage hin:

Machen wir das noch in der Praxis so?

Was passiert, wenn wir es nicht mehr so machen? Bringen wir schlechtere Leistung? Sind wir gleich gut? Oder sogar besser?

Im jedem Unternehmen und an jedem Arbeitsplatz entstehen Gewohnheiten, die für die effektive Bearbeitung einer Aufgabe einmal sinnvoll waren, inzwischen aber keinen Nutzen mehr stiften. Manchmal verschwindet der Anlass für einen Prozess, aber der Prozess bleibt bestehen. Nach drei Mitarbeiter-Dekaden heißt es dann auf die Frage, wozu das gut ist: »Das haben wir schon immer so gemacht!«

> Wenn es für einen Prozess keine andere Erklärung gibt, dann ist er ein zeitfressendes Relikt, das erst entdeckt werden kann, wenn wir die kritische Brille aufsetzen.
>
> Dieser Blick ist nicht allein Unternehmern oder Führungskräften vorbehalten. Jeder Mitarbeiter kann es für seinen Arbeitsplatz machen. Das Allerwichtigste: Die Sache mit der Brille terminieren! Also: Wann machen Sie es?

Der Moment, in dem Sie in einem Unternehmen nichts mehr aufschieben, alle Ihre Entscheidungen sofort treffen und flexibel genug sind, Ihre Pläne bei Bedarf anzupassen, ist ein magischer Moment: Dann sind Sie auf einmal wieder selbstbestimmt. Wer sofort reagiert, bestimmt auch, wie er reagiert – er geht in Führung. Aus Reagieren wird Agieren. Es entsteht Freiheit. Dann brauchen Sie sich weder überfordert zu fühlen noch Angst vor dem vorübergehenden Stress zu haben, falls doch einmal ein Peak den nächsten jagt. Und dann droht garantiert auch kein Burnout.

Wer sofort reagiert, bestimmt auch, wie er reagiert – er geht in Führung.

- Die Sofort-Reaktion sorgt für Verblüffung beim Kunden – und schnelle Kaufentscheidungen.

- Sofort auf Kundenanfragen zu reagieren erhöht nicht, sondern verringert den Stresspegel.

- Die 3 goldenen Regeln für den Umgang mit Kundenanfragen.

- Die ultimative Lösung, um an stressigen Arbeitsplätzen Freiräume zu schaffen: Das clever organisierte Rotationsprinzip.

- Verbindliche Termine zu 100 % = völlige Transparenz + Realismus.

8 Der Sturz der Titanen

Vor ein paar Monaten wollte eine Bekannte von uns bei ihrer Hausbank einen Kredit aufnehmen. Die Bankangestellte lotste sie mit einem freundlichen Lächeln zum nächsten Computer. Dort gab sie die Daten der Kundin ein und druckte dann erst einmal stapelweise Formulare aus.

»So, Frau Berger, das hier wäre zum einen die SCHUFA-Erklärung, da geht es um die Bonitätsprüfung, das kann ein bisschen dauern. Bitte einmal unterschreiben ... Danke schön. Außerdem bitte ich Sie hier noch um eine Unterschrift ... und hier. So, das wär's. Vielen Dank!«

Unsere Bekannte fragte nach Laufzeit und Zinsen.

»Das kann ich Ihnen zum jetzigen Zeitpunkt leider noch nicht sagen«, erwiderte die Bankangestellte bedauernd. »Erst müssen die Unterlagen von unserem Kreditinstitut geprüft werden. Dann können wir Ihnen alle Konditionen nennen. Sie hören in spätestens zwei bis drei Wochen wieder von uns.«

Geschlagene acht Wochen später erhielt unsere Bekannte einen Brief von der Bank.

»Sehr geehrte Frau Berger, die standardmäßig durchgeführte Bonitätsprüfung hat für Sie einen Zinssatz von 7 Prozent ergeben. Wir freuen uns, Ihnen mitteilen zu dürfen, dass der von Ihnen beantragte Kredit in Höhe von 20 000 Euro bei einer Laufzeit von 10 Jahren die monatliche Rate von 230 Euro nicht übersteigen wird. Sollten Sie sich für unser Angebot entschließen, so bitten wir um definitive Rückmeldung an Ihren Kundenberater bis zum ...«

Unsere Bekannte war verdutzt. Die Konditionen entsprachen zwar den ungefähren Angaben der Kundenberaterin, das Problem war nur, dass sie den Kredit längst nicht mehr benötigte!

Mittlerweile hatte nämlich unsere Bekannte in einer Filiale derselben Bank den von ihr gewünschten Kredit erhalten.

Wie es dazu kam? Einer unserer Seminarteilnehmer hatte uns erzählt, dass er in eben dieser Filiale ein Software-Projekt betreut, das die Bonitätsprüfung und Kreditvergabe erheblich beschleunigen sollte. Als das Projekt fertiggestellt war, rieten wir unserer Bekannten, es doch dort mal zu versuchen.

»Euer Tipp war echt Gold wert!«, strahlte sie, als wir sie das nächste Mal trafen. »Ich bin in die Bank rein, der Typ hat mir ein paar Fragen gestellt und irgendwas in den Computer eingetippt – und keine fünf

Minuten später spuckte der Drucker einen kompletten Vertrag aus, mit festgelegter Höhe, Laufzeit und sogar mit dem verbindlichen Zinssatz. Hätte ich mir ja nie träumen lassen!«

Klasse! Der Mitarbeiter am Schalter entscheidet, ob dem Kunden ein Kredit gewährt wird – und zu welchen Konditionen. Und zwar sofort!

Fast jeder Bankchef würde darüber den Kopf schütteln. Was? Solche Entscheidungen kann man nicht leichtfertig treffen. Sie einem Sachbearbeiter zu überlassen, ist doch fahrlässig!

Allerdings ist das für uns nicht ungewöhnlich. Was der aufgebrachte Bankenchef nämlich nicht weiß, ist, dass der Sachbearbeiter die Entscheidung ja nicht ganz allein und ohne die Kenntnis aller Implikationen trifft. Aber der Entscheidungsweg ist extrem intelligent gemacht. Und ja, der Mitarbeiter am Schalter hat auch mehr Verantwortung als lediglich Papier auszudrucken und den Kunden um eine Unterschrift zu bitten ... Auf jeden Fall ist es ein Echtzeit-Mitarbeiter.

Aber was bedeutet das genau? Welche Voraussetzungen müssen gegeben sein, um Mitarbeiter für das Echtzeit-Prinzip fit zu machen? Es sind genau drei: Entscheidungsmacht, Entscheidungswille und Entscheidungswissen.

1. Die Macht sei mit dir!

Wenn Entscheidungen nicht dort gefällt werden, wo sie anstehen, gibt es ein Problem. Oder gleich zwei: Erstens verzögern sich die Entscheidungen – und zweitens fehlt dem Entscheider das Wissen.

> Wir halten nichts davon, wenn Entscheidungen immer von oben abgesegnet werden müssen. Probleme werden viel effektiver auf der Ebene gelöst, wo sie entstehen.

Deshalb halten wir nichts davon, wenn Entscheidungen immer von oben abgesegnet werden müssen. Probleme können sehr viel schneller und effektiver auf der Ebene gelöst werden, wo sie entstehen. Nicht derjenige, der laut Organigramm die meiste Macht im Unternehmen besitzt, ist auch zwangsläufig am besten dazu geeignet, kritische Entscheidungen zu treffen. Vielmehr müssen und sollen Mitarbeiter überall und zu jeder Zeit entscheiden dürfen!

Für unser Beispiel mit der Bankangestellten heißt das: Sie muss Zugriff auf alle Informationen haben, die es ihr erlauben, eine definitive Entscheidung gegenüber dem Kunden zu treffen. Und zwar ohne die Verantwortung an ihren Chef oder sogar den Vorstand des Kreditinstituts zurückdelegieren zu müssen.

Um Mitarbeiter entscheidungsfähig zu machen, hat sich die Aufteilung in operative und strategische Entscheidungen bewährt: Mitarbeiter wie die Bankangestellte müssen operative Entscheidungen fällen *dürfen* – etwa wenn sich ein Kunde nach Optionen der Kreditvergabe erkundigt. Die Geschäftsführung hält sich raus und konzentriert sich auf die strategischen Entscheidungen: Haben wir die Mission und Vision unseres Unternehmens noch im Blick? Verfolgen wir nach wie vor die richtige Strategie?

Dazu muss die Geschäftsführung natürlich über die operativen Vorgänge Bescheid wissen – sie aber der Basis überlassen. Der Benefit liegt auf der Hand: Erstens vergeuden Führungskräfte keine Zeit mit unnötigen Entscheidungen. Zweitens werden schnellere und bessere Entscheidungen gefällt.

Aber es gibt einen Haken: Führungskräfte, die es gewohnt sind, am operativen Tagesgeschäft mitzuwirken, werden es schwer haben, sich auf ihre eigentlichen Aufgaben zu konzentrieren. Für sie ist es nicht einfach, sich aus der Arbeit der Mitarbeiter komplett herauszuhalten.

Leider sind auch heutzutage die meisten Führungskräfte noch stark von der hierarchischen Denkweise geprägt. Gerade in handwerklichen Betrieben gibt es Chefs, die an ihren seit Jahrzehnten bewährten Praktiken festhalten und Alternativen gegenüber nicht sonderlich aufgeschlossen sind.

Ähnlich im typischen Produktionsunternehmen. Ein hierarchisch orientierter Chef legt gerne den genauen Ablauf der Produktion von Anfang bis Ende fest: Welche Produktionsschritte folgen aufeinander? Welche Maschinen setzen wir ein? Bauen wir eine neue Produktionsstraße auf? Wann wird neues Material bestellt? In welchen Mengen produzieren wir? Wie viel Sicherheitsbestand halten wir auf Lager? ... Alles Fragen, die in einem Echtzeit-Unternehmen nicht der Chef, sondern die Mitarbeiter entscheiden können. Und müssen!

Sehen Sie es mal so: Eine einzelne Person aus der Führungsetage kann unmöglich alle Faktoren berücksichtigen, die die tägliche Arbeit der Mitarbeiter in der Produktion bestimmen. Auf einmal sind die Aufträge höher, dann reicht der festgelegte Lagerbestand hinten und vorne nicht aus. Oder es gibt womöglich schon die nächste Maschinengeneration, die effizienter und weniger fehleranfällig ist – und damit Kosten spart. Welcher Chef kann dazu aktuellere Informationen besitzen als die Mitarbeiter, die täglich mit den Maschinen und deren Lieferanten umgehen?

Auch im Kleinen können eigenverantwortliche Entscheidungen motivierter Mitarbeiter oftmals Verbesserungen bewirken, die die Führungsetage gar nicht in Betracht gezogen hat, weil die zugrundeliegenden Probleme weit unterhalb ihres Radars aufpoppen.

»Wissen Sie, was ich mir überlegt habe, Chef? Wenn wir die Paletten mit den Radachsen an der gegenüberliegenden Wand deponieren, dann würde ich jede Menge Laufwege sparen. Ich könnte ohne große Rennerei und um einiges schneller als bisher die Maschinen bestücken!«

Ein »alter« Chef würde vermutlich wenig begeistert reagieren, sondern dem Mitarbeiter eher noch einen rhetorischen Strick aus dem Vorschlag drehen:

»Müller, Sie sind hier zum Arbeiten angestellt und nicht zum Fantasieren! Sind Sie zu faul zum Laufen, oder wie?«

Auf konstruktive Ideen der Mitarbeiter, wie die Lagerlogistik effizienter zu gestalten wäre, nehmen alteingesessene Chefs selten Rücksicht. In einem Echtzeit-Unternehmen dagegen führt kein Weg daran vorbei, dass die Führungskräfte operative Abwägungen der Basis überlassen. Denn: Die Chefs sind viel zu weit weg von deren Arbeitsalltag, um einschätzen zu können, was für sie gut und sinnvoll ist.

Wenn es nach uns geht, dann steht ohnehin der »Sturz der Titanen« kurz bevor.

»Titanen« nennt die griechische Mythologie ein bestimmtes Göttergeschlecht, das lange vor Zeus und dessen allseits bekannten Nachkommen geherrscht hat. Die Titanen glichen Riesen in Menschengestalt. Ihre Macht war unbeschreiblich. Einer der Titanen, Kronos, war der

Vater von Zeus. Doch Zeus gelang es mit Hilfe der übrigen Olympier, die Titanen zu entmachten und selbst die Herrschaft über die Welt zu übernehmen.

Was für die Titanen gilt, gilt auch für die eingesessenen Führungskräfte. Sie müssen einen Teil ihrer angestammten Macht aufgeben, wenn sie ihren Hebel auf Echtzeit umlegen wollen.

Aber wie gelingt der Sturz der Titanen?

Ganz einfach: Indem Sie Ihre Mitarbeiter befähigen, gemäß den Werten Ihres Unternehmens, Ihrem Leitbild, Ihrer Mission und Vision entsprechend die richtigen Entscheidungen zu treffen. Sobald die operativen Einheiten in Ihrem Unternehmen diesen Lernprozess bewältigt haben, werden ihre Entscheidungen genauso gut oder sogar besser ausfallen als die der Führungsriege!

Deshalb muss es Ihr erklärtes Ziel als Unternehmer sein, Ihren Mitarbeitern Entscheidungsmacht zu verleihen, anstatt sich weiterhin für Ihre Entscheidungen selber auf die Schulter zu klopfen.

Vom Titan zum Sparringspartner

Klar – Sie müssen sich nicht nur darauf verlassen können, dass Ihre Mitarbeiter die richtigen Entscheidungen treffen, sondern sich mit diesen Entscheidungen auch als Chef identifizieren können. Was ist im Ernstfall zu tun – wenn Mitarbeiter also mal die falschen Entscheidungen treffen?

Dann sollten Sie einen typischen Reflex unter allen Umständen unterdrücken: es in Zukunft wieder selber machen zu wollen! Versuchen Sie lieber einzusehen, dass Sie als Chef versagt haben, weil Sie Ihre Mitarbeiter nicht mit den nötigen Intonationen versorgt oder sie schlicht zu wenig gecoacht haben.

Ihre Mitarbeiter brauchen »Leitplanken«, anhand derer sie sich orientieren können. Sind diese Leitplanken stabil genug – das heißt, haben Ihre Mitarbeiter zum einen Zugriff auf die nötigen Informationen und sind sie zum anderen selbstsicher genug, um daraus die richtigen Schlüsse zu ziehen –, dann dürfen Sie sich als guten Coach bezeichnen. Denn dann treffen Ihre Leute automatisch die richtigen Entscheidungen.

> Indem Sie ein einheitliches Verständnis von Mission/Vision und Unternehmenszielen schaffen und auch nicht mit den nötigen Informationen hinter dem Berg halten, haben Sie Ihren Beitrag zur Zielerreichung geleistet. Es ist jedoch nicht Ihre Aufgabe, auch noch den Weg vorzugeben. Den müssen Ihre Mitarbeiter schon selber finden!

Das Organigramm in einem Echtzeit-Unternehmen ist so flach wie möglich und so hierarchisch wie nötig.

Worauf wir hinauswollen: Wir sind für eine Verflachung der Hierarchien. Das Organigramm in einem Echtzeit-Unternehmen liest sich im Idealfall so flach wie möglich und so hierarchisch wie nötig!

Eine flache Hierarchie – das bedeutet: Es gibt möglichst wenig Kommunikationsschnittstellen. Was wiederum schnelle Entscheidungen, kurze Reporting Lines, klare Aufgabentrennung und das Teilen von Verantwortung ermöglicht. Verstehen Sie uns nicht falsch – Hierarchien werden dadurch keineswegs überflüssig. Es gibt kein Unternehmen, das basisdemokratisch funktioniert. Jedenfalls ist uns keines bekannt. Es braucht *immer* jemanden, der die Verantwortung trägt.

Je größer Ihr Unternehmen, desto steiler ist naturgemäß die Hierarchie. Eine einzelne Führungskraft wäre ab einer Zahl von etwa 15 bis 20 Mitarbeitern mit ihrer Führungsaufgabe schlicht überfordert. Anstatt zu viele Zwischenebenen einzuführen, zahlt es sich jedoch aus, die Kommunikationsschnittstellen zwischen Führungskräften und Mitarbeitern zu bündeln.

Falls seitens der Mitarbeiter doch intensiverer persönlicher Kontakt gewünscht wird, können Sie ihnen immer noch Coaches und Sparringpartner zur Verfügung stellen. Nur nicht zu viele!

Nicht dass wir behaupten wollen, das Rad neu erfunden zu haben. Die Idee einer flachen Unternehmenshierarchie ist mittlerweile verbreitet. Dass sie auch funktioniert, hat zum Beispiel der Weleda-Konzern vorgemacht: Im Krisenjahr 2012 wurde in drei Zentralfunktionen jeweils eine ganze Managementebene abgeschafft.

Allerdings sollen die Nachteile einer verflachten Hierarchie nicht verschwiegen werden. In Konzernen und sehr großen Unternehmen mit vielen Mitarbeitern birgt die Vorstellung geringerer Karrierechancen unter Umständen Frustrationspotenzial, zumal wenn höher gestellten Führungskräften klar ist, dass sie die letzte Ebene über sich sowieso nie erreichen werden.

Konkret bedeutet dies, kleinere dezentrale Einheiten zu bilden oder eine breitere Hierarchie mit Fachkarrieren anstelle von Führungskarrieren. Ein Modell, das bislang eher in kreativen Branchen zu finden ist, oder in Unternehmen, wo viele hochqualifizierte Fachkräfte zusammenarbeiten, das aber in jede Branche übertragbar ist.

Sexy Jobs – jenseits der Karriereleiter

Wie soll ein Unternehmen exzellente Mitarbeiter gewinnen, wenn es keine Aufstiegsperspektiven anbieten kann? Durch spannende, interessante, hochattraktive Aufgaben und ungewöhnliche Verantwortung! Gerade junge Mitarbeiter, Angehörige der Generation Y, arbeiten nicht in erster Linie fürs Geld oder den damit verbundenen Status. Sie suchen Freude bei der Arbeit, eine Tätigkeit, die zu ihren Stärken passt, sie wollen einen Beitrag leisten und sich persönlich erproben und weiterentwickeln. Na also, das sind jede Menge Ansatzpunkte, um selbst einen Assistentenjob sexy zu machen!

Der Fachbegriff dazu ist Job Enrichment: die Position mit mehr Verantwortung aufzubauen, ohne eine Hierarchiestufe einzubauen. Dies kann bei Stellenausschreibungen auch so kommuniziert werden.

Unsere Assistentin ist genau so ein Beispiel. Sie hat eine klassische Stelle, bei der nach oben nichts mehr geht. Und das mit 24. Sie macht den Job schon zwei Jahre und entlastet uns sehr gut, nein ausgezeichnet. Doch als 24-Jährige könnte sie jederzeit flügge werden. Da draußen gibt es noch viel auszuprobieren. Was also tun, um sie zu behalten? Ihren Aufgabenbereich attraktiv machen.

Natürlich ist der Großteil ihrer Aufgaben Routinetätigkeiten. Aber es gibt auch hierbei jede Menge Freiräume, die wir ihr bieten können. Bezogen nicht nur auf die Aufgaben, sondern auch auf die Zusammenarbeit, auf Arbeitszeitregelungen etc. Wir könnten ihr also besondere Konditionen und neue Aufgaben anbieten. In Fall unserer Assistentin haben wir jedoch eine Herangehensweise gewählt, die sie auch persönlich mehr fordert. Wir haben sie schlicht gefragt:

> *Wenn sie sich den optimalen Arbeitsplatz backen könnte, wie würde sie die Zeit gern nutzen?*
>
> Damit hatte sie nicht gerechnet! Aber sie ist dabei, die Aufgaben zu suchen, die ihr am meisten Freude machen, die ihr leicht von der Hand gehen, und dokumentiert diese in einem Tagebuch.
>
> Es ist ein Irrglaube zu glauben, der Chef weiß, was dem Mitarbeiter gut tut. Deshalb leisten wir uns bei Mitarbeiter-Gesprächen diesen Luxus. Und machen die Erfahrung: Allein schon die Frage wirkt bindend. Denn sie ist ein Ausdruck der Wertschätzung.

Je flacher die Hierarchie, desto kleiner und überschaubarer werden die einzelnen operativen Einheiten eines Unternehmens. In diesem Spannungsfeld bewegen sich gerade große Konzerne schon seit vielen Jahren: Den Vorteilen einer zentralen Organisation – allgemeingültige Prozesse und Standards, ein einheitlicher Markenauftritt, eine zentrale Logistik – stehen Schnelligkeit und Kundennähe gegenüber, wie sie eine eher dezentrale Struktur begünstigt. Synergie-Effekte, wie sie beispielsweise durch den gemeinsamen Einkauf in zentral organisierten Unternehmen entstehen, bleiben dabei gerne mal auf der Strecke. Wer will schon auf Kostenvorteile verzichten, geschweige denn zulassen, dass die eigene Marke an Schärfe und Profil verliert, weil jede operative Einheit andere Standards verfolgt?

Es hängt vom einzelnen Unternehmen ab, welchem der beiden Pole – zentral organisiert und auf Synergien ausgerichtet oder dezentral und damit schnell und kundenorientiert – es sich annähert. Es gibt kein gültiges Patentrezept.

In bestimmten Branchen lassen sich dezentrale Strukturen sehr gut mit einer zentralen Organisation kombinieren. Klassische Beispiele sind die Discounter Aldi und Lidl. Obwohl es sich um Ketten handelt, sind die Logistik, die Expansion und der Verkauf dezentral organisiert. Aldi hat zum Beispiel 31 Regionalgesellschaften mit jeweils circa 60 Filialen. Diese organisieren den Warenfluss selbst und agieren kundennah. Sogar der Einkauf von frischen Artikeln wie Brot und Obst und Gemüse erfolgt teilweise regional. Lediglich das Kernsortiment und die Aktionsware werden zentral für alle 1800 Läden organisiert. Und natürlich sind strategische Angelegenheiten wie Vision, Mission, Leitbild und Werte zentral vorgegeben.

In modernen IT- und Medienunternehmen ist es gang und gäbe, stark projektbezogen zu arbeiten. Der feste Mitarbeiterstamm wird zugunsten flexibler Teams verkleinert, die zu einem Großteil aus Freiberuflern bestehen. Die Entscheidungsmacht verteilt sich so automatisch auf alle operativen Einheiten, die dezentral und somit insgesamt flexibler agieren können.

Den Mitarbeitern mehr Entscheidungsmacht zu geben und die Hierarchien zu verflachen ist die erste Konsequenz, die Sie als Chef eines angehenden Echtzeit-Unternehmens ziehen müssen.

Aber nicht die einzige!

Schließlich müssen Ihre Mitarbeiter lernen, mit Verantwortung auch richtig umzugehen.

2. Entscheidungslustig

Wenn wir uns den idealen Mitarbeiter backen könnten, dann sähe er so aus:

Wenn wir uns den idealen Mitarbeiter backen könnten ...

Entscheidungsfreudig, kundenorientiert, kompetent und verantwortungsbewusst; begreift den Job weniger zeit- als vielmehr aufgabenbezogen; ist bereit, auch negative Konsequenzen eigener Entscheidungen zu tragen und identifiziert sich mit Mission, Vision, Werten und Zielsetzungen des Unternehmens.

Gibt es solche Menschen überhaupt? Ja, es gibt sie. Wir nennen sie Echtzeit-Mitarbeiter. Und für unser Unternehmen suchen wir nur solche.

Natürlich können Sie diese Mitarbeiter nicht aus dem Hut zaubern! Aber Sie können bei der Personalauswahl sehr wohl auf die Echtzeit-Eigenschaften achten. Ein Echtzeit-Unternehmen funktioniert nämlich nur mit Echtzeit-Mitarbeitern. Sind die richtigen einmal da, brauchen Sie natürlich auch Unterstützung bei ihrer Weiterentwicklung. Haben Sie aber die falschen Mitarbeiter, können Sie selbst mit dem intensivsten Mitarbeitercoaching rein gar nichts bewirken. Am allerwichtigsten sind also die Grundeinstellung der Mitarbeiter und ihre Persönlichkeit.

Dann gibt es die Menschen, die vor jeder Entscheidung lieber jeden Gedanken zig Mal hin und her wälzen und am Ende doch nicht zum Ergebnis kommen. Zauderer sind in einem Echtzeit-Unternehmen jedenfalls fehl am Platz. Selbst wenn sich Mitarbeiter mal falsch entscheiden – es ist wichtig, dass sie sich in Echtzeit entscheiden, im Fehlerfall zu den verkehrten Entscheidungen stehen und auch bereit sind, die Konsequenzen zu tragen. Unsere Empfehlung: Achten Sie schon beim Vorstellungsgespräch darauf, wie entschlossen und entscheidungsfreudig der Kandidat ist.

Echtzeit-Mitarbeiter finden

Umso mehr Stufen der Bewerbungsprozess beinhaltet, umso mehr Gelegenheiten bieten sich, um festzustellen, wie entscheidungsfreudig der Kandidat ist.

Die erste Gelegenheit ist der *Erstkontakt*. Achten Sie bei der Anbahnung auf:

- Reaktionsgeschwindigkeit: Wie schnell antwortet der Kandidat auf Mails? Wie schnell ruft er zurück?
- Entscheidungsfreude und Fähigkeit zu priorisieren: Wie zeitnah und unkompliziert macht er einen Termin für ein erstes Kennenlernen möglich?

Die zweite Gelegenheit ist das Vorstellungsgespräch. Hier bietet es sich an, auch die nonverbale Kommunikation zu beobachten:

- Wie schnell entscheidet sich der Kandidat für ein Getränk? Braucht er eine lange Äh-Pause, oder kann er direkt sagen, was er will?
- Wie viele Hobbys betreibt der Kandidat? Fünf Sportarten und weitere sieben Mitgliedschaften in diversen Clubs kann ein Zeichen für Begeisterungsfähigkeit gepaart mit einem außerordentlichen Zeitmanagementtalent sein. In den meisten Fällen wird es aber Zerstreuung sein, die einer Entscheidungsschwäche entspringt.
- Was sagt der Lebenslauf: Wie oft hat der Kandidat den Job gewechselt? Dass ein Berufsanfänger auf der Suche ist und vieles ausprobiert, ist klar. Ist der Kandidat aber seit 20 Jahren am Probieren, kann es sein, dass er nie eine konsequente Entscheidung für sein Berufsleben getroffen hat.
- Was gibt der Lebenslauf noch her?

Gibt es Einschnitte, die dem Bewerber Entscheidungen abgerungen haben? Wenn ja, welche?

Um abschätzen zu können, ob ein Bewerber zu seinen Entscheidungen steht und Selbstreflexion besitzt, lohnt es sich nachzuhaken:

Hat er sich jemals falsch entschieden?

Hatte die Fehlentscheidung Folgen?

Wenn ja, wie ist er damit umgegangen?

Bilden Sie Hypothesen und überprüfen Sie diese im Gespräch.

- Auch Begeisterung ist wichtig: Ein Glitzern in den Augen kann ein Indiz für Motivation, Identifikation und Leidenschaft sein. Je nach Reifegrad des Mitarbeiters wird er sich während und mit der Arbeit im Unternehmen rasch weiterentwickeln – die passende Einstellung vorausgesetzt.

Machen Sie sich jedoch bewusst: Jeder Kontakt mit dem Bewerber ist nur Momentaufnahme. Um ihn einigermaßen einzuschätzen, brauchen Sie viele Stufen des Kennenlernens. Die wichtigste fängt sogar erst nach der Einstellung an. Die Probezeit. Erst hier sehen Sie:

- Wie verhält sich der Mitarbeiter bei der täglichen Arbeit?
- Und Sie können aus privaten Gesprächen auch Anhaltspunkte über die Persönlichkeit ableiten: Wer gerade eine Hochzeit plant und fünf Monate braucht, um die passende Farbe für die Tischdecken auszuwählen, ist nicht gerade ein Echtzeit-Mensch.

In unseren Unternehmen dauert der Einstellungsprozess übrigens zwischen drei und fünf Monaten. An dieser Stelle lassen selbst wir Sofort-Entscheider uns vergleichsweise viel Zeit. Wir haben festgestellt: Das längere Abtasten ist der geringere Schmerz für beide Seiten!

Soviel ist klar: Eine Entscheidungskultur lässt sich im Unternehmen nicht verordnen. Die Mitarbeiter müssen sie zum größten Teil selber mitbringen. Doch die besten Fußballer ergeben noch nicht die beste Mannschaft. Deshalb reicht es nicht, Echtzeit-Mitarbeiter zusammenzubringen. Das Umfeld muss ebenfalls die Arbeit in Echtzeit befördern. Für die Mitarbeiter bedeutet das: Sie müssen das Vertrauen der Führungskraft spüren. Nur dann werden sie sich trauen, immer mehr

Verantwortung zu übernehmen. Denn Verantwortung ist wie ein Muskel, der durch wachsende Belastung immer stärker wird. Führungskräfte haben mehrere Möglichkeiten, diese Entwicklung zu begünstigen.

> **Verantwortungsmuskel-Training**
>
> Die einfachste Lösung, die jede Führungskraft ab sofort anwenden kann, um Mitarbeiter in die Verantwortung zu ziehen, ist: Gewöhnen Sie sich ab, die »Was-Soll-ich-tun-Fragen« Ihrer Mitarbeiter zu beantworten. Denn dahinter steckt nur eine Rückdelegation von Verantwortung. Mitarbeiter werden bezahlt für Lösungen. Also: Warum sollten Sie sie finden? Wenn Sie es gewohnt sind, Ihren Mitarbeitern mit einer schnellen Antwort aus der Patsche zu helfen – nach dem Motto »Kost' ja nichts! So bleiben die Leute nicht stecken« – kann es am Anfang sehr schwer sein, die Antwort künftig zu unterlassen. Wenn Sie merken, dass eine »Was-soll-ich-tun-Frage« um die Ecke kommt, haben Sie verschieden Reaktionsmöglichkeiten zur Verfügung. Zum Beispiel diese:
>
> *»Welche Optionen haben Sie denn? Und welche ist aus Ihrer Sicht die beste?«*
>
> *»Welche Informationen fehlen Ihnen noch, um eine endgültige Entscheidung zu treffen?«*
>
> *»Was sind die Voraussetzungen für eine definitive Aussage gegenüber dem Kunden?«*
>
> Auf diese Weise werden Mitarbeiter befähigt, Entscheidungen zukünftig selbstständig zu treffen. Je öfter rückfragende Mitarbeiter mit einer Reihe konstruktiver Gegenfragen im Gepäck das Chefbüro wieder verlassen, anstatt die Antwort auf dem Silbertablett geliefert zu bekommen, desto leichter wird es ihnen auf Dauer fallen, eigenständig zu handeln.
>
> Sie werden feststellen, dass das mal schneller und mal langsamer vonstattengeht. Fast immer nimmt dieser Entwicklungsprozess am Anfang reichlich Zeit und Geduld in Anspruch. Das ist kein Grund zum Verzweifeln!

Die wichtigste Voraussetzung, damit Mitarbeiter sich trauen, Verantwortung zu übernehmen, ist eine angstfreie Atmosphäre. Da einer grundsätzlichen Bereitschaft, Entscheidungen schnell zu treffen, fast immer die Angst im Weg steht, Fehler zu machen. Die Fehlerkultur eines Unternehmens sollte es Mitarbeitern erlauben, aus Fehlern zu lernen.

Im Einzelfall hängt der Grad der Angst vor Fehlern vom Erfahrungspaket ab, das neue Mitarbeiter ins Unternehmen mitbringen.

Ein Beispiel für eine funktionierte Fehlerkultur in großen Unternehmen ist die Ausbildung bei der Drogeriemarktkette dm. Nach dem schönen Motto »Leader lernen in der Arbeit« zählt neben der fachlichen Qualifikation auch die Fähigkeit der Azubis, Aufgaben eigenständig zu erledigen, aus Fehlern zu lernen, die Gründe für Fehler zu verstehen und somit an sich selbst zu wachsen.

Und wenn alles nichts hilft? So traurig es ist, manchmal hilft nur die Trennung von einem Mitarbeiter, der durch seine Einstellung oder im Hinblick auf seinen individuellen Reifegrad nicht in das Unternehmen passt. Wir werden nicht müde es zu sagen: Nicht jeder Mitarbeiter ist dazu geeignet, in einem Echtzeit-Unternehmen zu arbeiten!

> Nicht jeder Mitarbeiter ist dazu geeignet, in einem Echtzeit-Unternehmen zu arbeiten.

Okay. Nun haben Sie also Ihren Mitarbeitern zum einen die Macht verliehen, Entscheidungen zu treffen, zum anderen wissen Sie jetzt, wie Sie als Führungskraft eines Unternehmens geeignetes Personal auswählen, das auch den Willen besitzt, Verantwortung für eigenständige Entscheidungen zu übernehmen.

Aber reicht das auch, um ein Echtzeit-Unternehmen dauerhaft am Laufen zu halten – und langfristig zu echter Exzellenz zu führen?

Nein, noch nicht! Die Macht und der Wille zu entscheiden sind nur die ersten beiden Schritte – es fehlt noch der dritte.

3. Entscheider mit Durchblick

> *Bei Ralf Sauer, Vertriebsmann bei einem Hersteller von Sanitäranlagen für Großkunden, klingelt das Telefon.*
>
> *»Guten Tag, hier spricht Inka Dahlmanns vom Architekturbüro Schall & Rauch. Wir planen gerade den neuen Luxusstandort für eine internationale Hotelkette. Es geht um Nasszellen für jede der insgesamt 80 Suiten ...«*
>
> *Ralf Sauer weiß, was zu tun ist. Nach der Klärung der wichtigsten Details – Größe, Ausstattung und ungefähres Design der Nasszellen – vereinbart er einen Rückruftermin.*
>
> *Noch am selben Tag meldet sich der Vertriebsmitarbeiter wieder bei Inka Dahlmanns.*
>
> *»Ausstattung und Interieur sind in den von Ihnen gewünschten Pastellfarben verfügbar, bis auf die Handtuchhalter. Da gäbe es alternativ ein passendes Dunkelviolett, das sich rein optisch auch für die Toilettensitze anbieten würde. Die Armaturen und Beschläge sind derzeit in drei Ausführungen erhältlich: Edelstahl, Messing und Glas. Bei acht Quadratmetern pro Nasszelle und Messingarmaturen sind die Kosten auf knapp 25 000 Euro netto je Einheit zu veranschlagen – den Mengenrabatt noch nicht eingerechnet. Checken Sie mal Ihren Posteingang wegen der Details, mein Angebot müsste schon bei Ihnen angekommen sein ...«*

Mitarbeiter wie Ralf Sauer stellen die Schnittstelle zum Kunden dar. Als solche müssen sie möglichst in Echtzeit auf Kundenanfragen reagieren können. Neben den beiden Grundvoraussetzungen – Entscheidungsmacht und Entscheidungswille – sind Mitarbeiter im Kundenkontakt aber auch noch auf eine dritte Voraussetzung angewiesen.

Stellen Sie sich vor, was passiert wäre, wenn Ralf Sauer nicht in einem Echtzeit-Unternehmen arbeiten würde. Dann hätte er Frau Dahlmanns wohl kaum noch am selben Tag ein verbindliches Angebot unterbreiten können. Stattdessen hätte er ihr auf die erste Anfrage hin den Musterkatalog übersandt und wäre dann – aus ihrer Sicht – für die nächsten paar Wochen in der Versenkung verschwunden. In dieser Zeit wäre er an den Vorstand herangetreten, der wiederum Planungen und Einkaufskonditionen gecheckt hätte. Gespräche mit Lieferanten, Ermittlung der Rabattstaffel, Kalkulation des Angebots und schließlich grünes Licht vom Vorstand – frühestens nach vier Wochen hätte die Mitarbeiterin des Architekten wieder etwas von Ralf Sauer gehört.

In einem Echtzeit-Unternehmen gilt: Sobald der Kunde den Standard festgelegt hat, muss der Vertrieb innerhalb kürzester Zeit aussagefähig sein. Er muss eine klare Entscheidung treffen und dem Kunden eine verbindliche Rückmeldung geben. Sämtliche Versprechen, die der Vertriebsmann dem Kunden gegenüber macht, müssen eingehalten oder übererfüllt werden! Wir finden es unzumutbar, wenn uns als Kunden etwas versprochen wird und eine andere Abteilung lässt uns hinterher lapidar wissen: »Die im Vertrieb sagen das immer, aber das ist total illusorisch!«

Sie ahnen, worauf wir als dritten Schritt hinauswollen: Echtzeit-Mitarbeiter müssen bei jeder Entscheidung den Überblick über das Unternehmen haben. Und sie brauchen das Unternehmen im Rücken.

Echtzeit-Mitarbeiter brauchen das Unternehmen im Rücken.

Was heißt das im Einzelnen?

Ein Mitarbeiter wie Ralf Sauer muss wissen, wie die sonstigen Aufträge und die Auslastung seiner Kollegen auch in den anderen Abteilungen aussehen. Sämtliche nachgelagerten Prozesse müssen dem Vertriebsmann geläufig sein, damit Aufträge zügig abgewickelt und die Kunden schnellstmöglich beliefert werden können. Er muss die nötigen Pufferzeiten bereits im Verkauf mit einkalkulieren. Nur so kann der Vertrieb verbindliche Aussagen treffen, die sein Unternehmen auch leisten oder sogar unterbieten kann.

Umgekehrt müssen die anderen Abteilungen wie die Produktion sich immer darüber im Klaren sein, was ihre jeweiligen Aufgaben mit dem Erleben des Kunden da draußen zu tun haben. Auch wenn sie nicht in unmittelbarem Kontakt mit dem Kunden stehen, muss ihnen jederzeit bewusst sein, was ihre Arbeit in Bezug auf das Endergebnis bewirkt. Dann wandelt sich das Denken in einzelnen Arbeitsschritten hin zum Denken im Hinblick auf das Gesamtergebnis.

Sie als Kunde wären auch nicht gerade begeistert, wenn man Ihnen ein tolles Produkt verkauft und eine zeitnahe Lieferung verspricht – und Sie dann wochen- und monatelang warten lässt!

Was können Sie als Führungskraft dazu beitragen, Ihre Mitarbeiter »prozesskompetent« zu machen?

Zunächst einmal haben Sie durch eine flachere Hierarchie bereits den Grundstein für prozessorientierteres Denken gelegt – weg von den klassischen Abteilungen mit festen Aufgabenbereichen hin zu losen operativen Einheiten, die Sie je nach Bedarf flexibel zusammenstellen.

Wenn Sie zum Beispiel für ein bestimmtes Produkt fünf oder zehn Facharbeiter benötigen, dann setzen Sie sie alle zusammen in ein gemeinsames Büro. So können sie die Zielsetzung abstimmen, sich direkt miteinander austauschen und Probleme schneller lösen – und sei es nur, weil ein Mitarbeiter dem anderen direkt die Information zurufen kann, die dieser gerade benötigt. So beschleunigt sich der gesamte Entwicklungsprozess um ein Vielfaches.

Wundern Sie sich allerdings nicht, wenn Sie im Zuge dieser und ähnlicher Maßnahmen bei Ihren Mitarbeitern mitunter auf wenig Gegenliebe stoßen. Gerade der klassische Vertriebsmann, der seit zwanzig Jahren einen sehr erfolgreichen Job macht, interessiert sich möglicherweise überhaupt nicht für die Hintergrundprozesse, die ein Produkt von der Entwicklung über die Produktion bis hin zur Vermarktung durchläuft.

»Geben Sie mir irgendwas Nutzloses – von mir aus Wäscheklammern. Egal was es ist, ich krieg das verkauft. Nur lassen Sie mich mit dem Rest in Ruhe! Ich bin ein Vollblutverkäufer, was interessieren mich die Probleme von Entwicklung und Produktion?«

Jemandem mit dieser Einstellung wird es schwer nahezubringen sein, dass er sich neuerdings auch mit vor- und nachgelagerten Prozessen auseinandersetzen muss. Schließlich hat er ja sowieso lange genug bewiesen, dass er sein Metier beherrscht – wozu sollte er da auf einmal über den Tellerrand schauen?

Versuchen Sie einem Vertriebler wie diesem behutsam zu vermitteln, dass er seinen Kunden gegenüber genauere, verbindlichere Angaben machen kann, wenn er erst einmal selber weiß: Wie laufen die Produktionsschritte bei Wäscheklammern ab? Wer kümmert sich in unserem Unternehmen genau darum – wer ist Ansprechpartner in der Produktion, wenn ich wissen muss, ob die neue transparente Serie Wäscheklammern auch wind- und regentauglich ist? Wie lange dauert es, eine bestimmte Anzahl von Klammern auf Bestellung zu produzieren?

Und: Hüten Sie sich davor, dem Vertriebler sofort zu kündigen, wenn Sie merken, dass er anfangs Probleme damit hat, sich auf das Echtzeit-Prinzip ein- und umzustellen. Warten Sie eine Weile ab – unserer Erfahrung nach taucht oftmals gerade bei den Mitarbeitern Potenzial auf, bei denen man es am wenigsten erwartet hätte!

Letztlich müssen Sie alle Mitarbeiter eine Zeit lang beobachten, um abwägen zu können: Wie reagieren meine Leute auf Veränderungsprozesse im Unternehmen?

Je nach ihrer Reaktion lassen sich die Mitarbeiter grob in drei Gruppen einteilen. Die erste ist die kleinste und setzt sich aus denjenigen zusammen, die Sie im ersten Schritt überzeugen konnten. Sie sind Feuer und Flamme für frischen Wind im Unternehmen und sofort auf Ihrer Seite. Sie werden sozusagen zu Fahnenträgern Ihrer Idee.

Dann gibt es eine relativ große Gruppe von Mitarbeitern, die sich kaum äußern – und wenn, dann nur hinter vorgehaltener Hand.

»Ach, schon wieder so eine neue Idee, die der Chef aus irgendeinem Buch gepickt hat. Na ja, schauen wir mal, wie sich das entwickelt ...«

Diese Leute sind weder aktive Unterstützer, noch leisten sie großen Widerstand. Sie nehmen eine abwartende Haltung ein und sind ansonsten positionslos. Das ist völlig legitim. Und eine Chance für Sie als Chef: Denn sobald Sie diese Gruppe mit ein paar »Fahnenträgern« durchmischen, stecken die sie im Laufe der Zeit meist noch mit an.

Zu guter Letzt gibt es noch die Gruppe derjenigen, denen Ihre Neuaufstellung des Unternehmens nicht so wirklich schmeckt. Das äußert sich auf unterschiedliche Weise.

Einige leisten passiven Widerstand, tun also einfach gar nichts und machen stattdessen weiter wie bisher. Ein paar andere leisten offen aktiven Widerstand: Die halten Ihre Vorschläge für völligen Nonsens, widersprechen Ihnen in Meetings, stellen Ihre Zielvorstellungen in Frage und signalisieren auch sonst bei jeder Gelegenheit deutliche Ablehnung.

Auch diese »aktiven Widerständler« sollten Sie als Chance begreifen. Immerhin haben Sie die Möglichkeit, ihre Argumente anzuhören und abzuwägen. Ein konstruktiver Gegenpol erzeugt sogar positive Reibung, die eine neue Idee eventuell sogar noch besser macht. Und: Gelingt es Ihnen mittels Rede und Gegenrede, diese Mitarbeiter doch noch auf Ihre Seite zu ziehen, sind sie häufig Ihre treuesten Weggefährten!

Als wirklich problematisch erweisen sich allerdings diejenigen, die verdeckt aktiven Widerstand leisten. Sie unterlaufen all Ihre Bemühungen im Untergrund. Guerillakämpfer, wenn Sie so wollen.

»Geht klar, Chef, machen wir schon!«

Hört sich gut an, oder? In der Mittagspause wird gegen das Projekt gestänkert – was Sie als Chef natürlich erst verzögert und über unschöne Umwege mitbekommen. Wenn überhaupt.

Die »Guerillakämpfer« halten wir für bedenklich. Von ihnen sollten Sie sich frühzeitig trennen – genauso wie von hoffnungslosen Fällen, deren Posteingang auch nach drei Monaten intensiven E-Mail-Coachings ständig überquillt oder die sich rigoros auf ihre Kernaufgaben beschränken und mit Scheuklappen weiterarbeiten wie bisher. In diesen Fällen bleibt Ihnen nichts anderes übrig, als die Zusammenarbeit zu überdenken oder ganz zu beenden – und dann neues Personal einzustellen, das besser zu Ihrem Echtzeit-Unternehmen passt.

Noch ein Tipp zum Schluss: Achten Sie als Chef darauf, dass sich Ihr Unternehmen als Ganzes von dem löst, was »bisher« war. Kommunizieren Sie Ihren Mitarbeitern stattdessen die neue Zielsetzung: »Da wollen wir hin! Und zwar unbedingt!«

Dann läuft das erste Echtzeit-Projekt garantiert erfolgreich ab.

Dazu brauchen Sie zu Beginn nicht viel mehr als Konsequenz – und natürlich überzeugtes Commitment bei allen Beteiligten.

Wo ein Wille ist, ist auch ein Weg!

- Probleme müssen dort gelöst werden, wo sie entstehen.
- Das beste Organigramm ist so flach wie möglich und so hierarchisch wie nötig.
- Statt klassische Karrieren gibt es Fachkarrieren und Job Enrichment.
- Gute Chefs sind keine Titanen, sondern Sparringspartner.
- Gute Mitarbeiter sind nicht zögerlich, sondern entscheidungsfreudig.

9 Exotikum

»Das klingt ja alles ganz toll – aber bei uns geht das nicht!«

Das hören wir immer wieder, wenn wir vom Echtzeit-Prinzip erzählen. Und jede Branche hat natürlich ihre ganz eigenen Einwände:

»Unser Geschäft läuft hauptsächlich am Wochenende. Finden Sie da mal hoch motivierte und engagierte Leute!«, sagt der Business Trainer.

»Bei uns arbeiten dermaßen viele Gewerke zusammen. Und dann noch der unberechenbare Bauherr. Unmöglich, alles im Vorfeld festzumachen«, sagt der Bauingenieur.

»Bei uns geht's um Mikrometer. Verstehen Sie? Das ist präziseste Handarbeit und braucht Zeit«, sagt der Uhrmacher.

»Ein individuelles Angebot innerhalb von 24 Stunden? Nicht Ihr Ernst. Träume-Wahrmachen gibt's nun mal nicht von der Stange«, sagt der Luxusautobauer.

Sorry, aber für uns sind das nichts als Ausreden! Allerdings sind Ausreden völlig normal: Wenn Menschen noch keine Ahnung haben, wie etwas gehen soll, wollen sie naturgemäß nicht ran an die Sache. Und wenn sie sich etwas nicht vorstellen können, sind sie ganz flott darin, Argumente dagegen zu finden. Doch damit *suchen* sie aktiv nach Hindernissen in den äußeren Umständen. Dabei greift der Mensch tief in die Trickkiste, denn wenn die Abwehr gelingt, hat er wieder Ruhe. Ruhe vor der Zumutung einer Veränderung – aber auch Ruhe vor der inneren Stimme, die vielleicht leise sagt: *»Moment, vielleicht geht da ja doch etwas …«*

Wir sind fest davon überzeugt, dass alles, was eine Führungskraft als Hindernis anführt, hausgemacht ist, und es letztlich in ihren Händen liegt, die Stolpersteine aus dem Weg zu räumen. Jedes Unternehmen hat immer die Kunden, die es sich selbst heranzieht. Jedes Unternehmen hat immer den Markt und das Geschäft, die es sich selbst produziert. Und wir sprechen aus Erfahrung.

> Jedes Unternehmen hat immer den Markt und das Geschäft, das es sich selbst produziert hat.

Meinen Sie, zu uns sind Kunden gekommen und haben gesagt: *»Liebe Leute, wir würden den Betriebswirt gern in 30 Tagen machen«*? Im

Gegenteil. Zu uns hat man gesagt: »Den Betriebswirt mit IHK Abschluss in 30 Tagen? Sind Sie des Wahnsinns? Völlig unmöglich!« Solche Stimmen kamen von überall her: von den Mitarbeitern der IHK, von den Trainern und Dozenten, die sich auf den Abschluss beim Wettbewerb vorbereiteten und von Teilnehmern, die sich bei anderen Anbietern zwei Jahre lang gequält hatten. Inzwischen beweisen Tausende von Teilnehmern unserer Lehrgänge, dass es sehr wohl möglich ist.

Was haben wir gemacht? Wir haben unseren Kunden, die ja berufsbegleitend studieren, genau den Teil der Studierarbeit abgenommen, die sie als Berufstätige niemals leisten könnten. Was macht ein Student die meiste Zeit? Er wälzt zig Bücher, wertet Quellen aus, schreibt sich das Wichtigste raus, streicht Überflüssiges weg und siebt Überschneidungen aus – um sich dann sein eigenes Lern-Skript zu bauen. Ein hoher Einsatz, der neben einem Vollzeitjob nur möglich wäre, wenn man das Studium auf mehrere Jahre dehnen würde. Genau diese Arbeit haben wir daher unseren Kunden abgenommen.

In den Unterlagen gibt es nicht *ein* Blatt zu viel. Sämtliche Lehrkräfte wissen genau, was sie lehren sollen; und zwar so, dass nie eine Überschneidung entsteht. Und so geht es schlicht um Welten besser. Eine Teilnehmerin hat es mal auf den Punkt gebracht: »Ich bin froh, dass ich nicht vorgelernt habe – so, wie ich es eigentlich gewohnt war –, um dann später das Wesentliche herausfiltern zu müssen. Denn Sie haben mir genau diesen Part ja schon im Vorfeld abgenommen.«

Wenn wir nur auf das, was gang und gäbe ist, gehört hätten, wären wir auch genau da – bei dem Geschäftsfeld, was gängig ist: ein Betriebswirt in mehreren Jahren nebenberuflicher Fortbildung.

Wenn Sie schicksalsergeben dort stehen bleiben, wo Sie mit Ihrem Unternehmen gerade sind, stutzen Sie sich selbst unnötig die Flügel. Denn: Märkte lassen sich viel leichter erweitern als vermutet. Allerdings spukt stets das Gespenst vom »gesättigten Markt« in den Köpfen herum. Und ein Kollege gesellt sich dazu: Das »Es-geht-uns-dochgut«-Gespenst. Sich gut fühlen, ist gefährlich. Ja, Sie haben richtig gehört. Wenn es dem Unternehmen nämlich gut geht, werden Führungsriege und Mitarbeiter bequem. Und dann suchen sie nicht mehr nach Trüffeln, sondern setzen sich einfach an den gedeckten Tisch.

Dann nehmen sie mögliche Chancen schlichtweg nicht mehr wahr. Besonders gefährdet sind die Unternehmen, denen es im Branchenvergleich ganz besonders gut geht, denn sie sehen die brachliegenden Potenziale am allerwenigsten. Kurz: Je besser es Ihnen geht, desto eher werden Sie übersehen, wie viel besser Sie noch werden könnten!

Stören Sie sich in Ihrer Ruhe!

Der Immobilienmarkt ist eine Oase der Ruhe. Hier haben es sich die Makler und Vermieter auf ihrem Polster bequem gemacht. Die Suche nach Gewerbeimmobilien dauert derart lange, dass es tatsächlich passieren kann, dass ein Interessent erst eine Rückmeldung erhält, nachdem er schon in neue Räume eingezogen ist. Oder dass der Vermieter nicht bereit ist, Umbauarbeiten nach den Wünschen des Kunden vorzunehmen. Das ist umso verwunderlicher, wenn man bedenkt, dass ein Großteil der Gewerbeimmobilien schlichtweg leer steht.

Mit einem Immobilienmakler, der uns bei der Suche nach neuen Schulungsräumen unterstützen sollte, hatten wir dann auch ein Erlebnis der besonderen Art: Kurzfristig sagte er einen vereinbarten Besichtigungstermin ab. Kann passieren. Das ist an und für sich nicht wild. Doch wissen Sie, was er als Begründung anführte? Er hätte eine leichte Erkältung und er wolle nicht riskieren, dass diese sich verschlimmert und er sich damit die nahen Ostertage verdirbt. Würden Sie mit einem solchen Unternehmen gern weiter zusammenarbeiten? Wir jedenfalls nicht. Denn Wertschätzung sieht für uns anders aus!

Und doch wähnen sich diese Unternehmen nach wie vor auf der sicheren Seite. Der Erfolg gibt ihnen ja schließlich Recht. Zumindest scheinbar. Möglicherweise profitieren sie aber einfach nur davon, dass andere Anbieter in ihrem Wettbewerbsumfeld schlichtweg noch schlechter dastehen. Möglicherweise sind diese »guten« Unternehmen ja nur die »Einäugigen unter den Blinden« …

Aus dem Branchenvergleich automatisch auf die eigene Güte zu schließen, kann schnell ein falsches Bild vermitteln. Schauen Sie ganz genau hin: Sind Sie gut, weil Sie wirklich gut sind? Oder sind Sie gut, weil Ihre Wettbewerber so *Sind Sie gut, weil Sie gut sind? Oder sind Sie gut, weil die anderen so schlecht sind?*

schlecht sind? Wenn Sie nur im Branchenvergleich gut sind, aber relativ zu den Möglichkeiten schlecht – und Ihnen das bisher nicht aufgefallen ist –, dann kann es Ihnen passieren, dass Sie von heute auf morgen vom Markt gefegt werden.

Sie erinnern sich sicher an das legendäre Foto-Unternehmen Kodak. Perfekt aufgestellt, war Kodak lange Zeit unangefochtener Marktführer, wenn es um Kameras und Filme ging. Und genau hier haben sie sich eingerichtet. Sie haben ihre ganze Energie in die Verbesserung des Bestehenden gesteckt – also unaufhörlich an der Qualitätsschraube gedreht –, anstatt die Antennen auszufahren und Impulse der Zeit aufzuschnappen. Pardon, ganz so stimmt es nicht. Schon in den 70er Jahren hatte Kodak die erste Digitalkamera entwickelt! Diese hat aber nie das Stadium eines Prototyps verlassen. Die Führung hielt es für profitabler, die Filme-Cash-Cow zu melken. Womit die Verantwortlichen aber nicht gerechnet hatten: dass der Wettbewerb die Digitalkamera serienfähig macht.

Wie eine Urgewalt prasselte die digitale Fotografie auf Kodak ein, und drehte alles in diesem Bereich auf links. Da half auch die Marktführerschaft kein bisschen. Mit all ihren hochwertigen Kameras ging das Unternehmen den Bach runter.

Da leuchtet ein Stern am Markt. Strahlend hell. Und niemand kann sich vorstellen, dass dieser Stern einmal sinken würde. Der Stern selbst am allerwenigsten. Und dann kommt da einfach ein Neuling mit einer pfiffigen Idee und plötzlich merken die Kunden, was noch alles geht. Und dann kommt der strahlende Stern in Zugzwang. Aber dann ist es in der Regel schon zu spät – und der Sturzflug unvermeidlich.

Wenn es Ihnen also gut geht – prima! Aber bleiben Sie kritisch. Machen Sie nicht den gleichen Fehler, der Tausenden von Truthähnen jährlich unterläuft. Ja, richtig, Truthahn. Das sogenannte »Truthahn-Problem«, das Nassim Nicholas Taleb sehr eindrucksvoll in seinem Buch *Der schwarze Schwan* erklärt, beschreibt folgendes Phänomen: Der Truthahn wird 1000 Tage lang gefüttert. Und er gewöhnt sich daran – daran, dass jeden Tag freundliche Menschen zu ihm kommen und ihn mit Nahrung versorgen. Bis, ja bis er am 1001. Tag – dem Martinstag – geschlachtet wird. Sehen Sie, was wir meinen? Was gestern gut lief, muss morgen eben nicht automatisch auch gut laufen. Stören Sie sich also in Ihrer Ruhe. Immer wieder.

Und wie stören Sie sich am besten? Sicher nicht, indem Sie sich vor Augen führen, worin Sie besonders gut sind. Also nicht: Warum kaufen unsere Kunden bei uns ein? Nein, die wichtigste und spannendste Frage ist kontraintuitiv, aber verdammt wirkungsvoll: Warum kaufen Kunden eben *nicht* bei uns ein?

> Die spannendste Frage ist: Warum kaufen Kunden eben *nicht* bei uns ein?

Ein Hotel in 15 Tagen

Stellen Sie sich eine Apotheke im ländlichen Raum vor. Von 13 bis 15 Uhr ist hier in der Regel niemand zu sprechen. Mittagspause. Nicht nur bei der Apotheke, sondern im ganzen Dorf.

Eines Tages übernimmt die Tochter die Apotheke der Mutter. Sie baut diese um, erweitert das Sortiment um nicht rezeptpflichtige Angebote wie beispielsweise Diätprodukte, und vor allem: Sie macht mittags auf.

Was passiert? Die Hauptapotheke im Ort – wo schon die Großeltern der heutigen Kunden gekauft haben – verliert einen Großteil ihrer Kunden an eben diese neue Apotheke.

Das ist übrigens kein Gedankenspiel, sondern die Realität. Es handelt sich um die Stammapotheke von Jochens Eltern bei Crailsheim.

Wenn Sie danach fahnden, was Sie bisher noch nicht anbieten, anstatt sich stets auf die Schulter zu klopfen, dann erschließen Sie sich plötzlich ganz neue Kundengruppen. Und in den meisten Branchen ist noch ungeheuer viel Luft nach oben.

Paradebeispiel ist die Baubranche. Wenn wir in die Runde fragen würden, was die Branche für einen Ruf hat und wie Bauprojekte in der Regel so laufen, dann käme so etwas wie das hier:

»Beim Bauen ist der Ärger schon mal vorprogrammiert!«

Oder:

»Zum geplanten Termin wird da ja schon mal gar nichts fertig, und am Ende zahlst du immer drauf!«

Wir müssen nicht einmal Großprojekte wie den Berliner Flughafen oder die Elbphilharmonie ins Feld führen. Schon beim simplen Einfamilienhaus-Bau ist Frustration an der Tagesordnung. Durch das komplexe Zusammenspiel der vielen verschiedenen Gewerke geht unendlich viel Zeit und Qualität verloren. Die Fertigstellung verzögert sich, und es muss hier und da noch nachgebessert werden. Kündigen Sie Ihre Wohnung also besser erst, wenn der Innenausbau Ihres neuen Hauses wirklich fertig ist.

Dass es auch anders geht, zeigt uns ein Beispiel aus China. In nur 15 Tagen haben Bauarbeiter in Changsha im Süden Chinas einen Wolkenkratzer hochgezogen: das Ark-Hotel. 30 Etagen, 183 000 Quadratmeter Fläche. Gearbeitet wurde täglich von frühmorgens bis spätabends – und trotz des Tempos gab es keine Arbeitsunfälle. Bei Qualität aus China winkt man ja gern ab: »Alles Pappe und Plastik.« Diesen Vorwurf kann man aber dem Ark-Hotel nicht machen, es entspricht sämtlichen Normen und genügt höchsten Qualitätsansprüchen. 15 Tage. Gesagt, getan.

Ein klarer Sieg nach Punkten für die Fertigbauweise. Mit den Einfamilien-Fertighäusern hierzulande erreichen wir zwar noch nicht die chinesischen Produktionszeiten, aber immerhin können die Bauherren auch hier in der Regel wesentlich schneller einziehen als bei der Stein-Auf-Stein-Bauweise. Mit der Vorfertigung scheint die Baubranche schon mal auf einem richtig guten Weg zu sein.

»Moment, das Ark-Hotel kann ja wohl kein Maßstab sein. Eine derart große Firma hat ja ganz andere Möglichkeiten als eine kleine regionale Baufirma. Logisch, dass die ganz andere Bearbeitungszeiten hinkriegen. Außerdem: Die Fertigbauweise mag das Tempo erhöhen, aber die Kundenwünsche werden immer individueller. Jeder Bauherr will sein Extra-Türmchen!«

Ist es also möglich, mit der Individualität, die der Markt fordert, zu produzieren – und zwar ohne, dass Zeit und Kosten explodieren?

Dazu sagen wir: Klar, geht das! Und zwar nicht nur für die Baubranche, sondern wirklich für ALLE. Ohne Ausnahme.

Grenzenlose Möglichkeiten

Die sogenannte »Mass Customization« macht es vor. So nennen Fachleute den seit Jahren wachsenden Trend, Massenware in kurzer Zeit und per Mausklick zu individualisieren. Der Prozess ist sehr einfach und die Ware kommt flugs ins Haus.

Sie wollen ein Müsli mit besonders vielen Pistazien? Bitte sehr. Eine Tafel Schokolade mit einer feinen Botschaft für den Liebsten? Oder knallrote Turnschuhe mit Ihrem Lebensmotto drauf? Ja, warum denn nicht? Anbieter wie »Mymuesli« oder »Poster XXL« sind damit extrem erfolgreich.

Der Clou an der Sache: das Baukastenprinzip. Dabei stehen die Module, und der Kunde würfelt sie nach seinen Wünschen raus oder rein – grün oder rot, mit Türmchen oder ohne.

> Vorgefertigte Module machen schnell und geben dem Kunden ein Gefühl der Individualität.

Sie sind Dienstleister oder verkaufen besonders beratungsintensive Produkte? Selbst dann können Sie nach dem gleichen Prinzip agieren. Überlegen Sie sich, was Ihr Kunde für Bedürfnisse haben könnte und bereiten Sie die passenden Module vor. So nehmen Sie Ihren Kunden nicht nur aufwendige Entscheidungen ab, sondern können ihnen auch im Handumdrehen einen Preis für sein gewünschtes Produkt nennen.

Um im Kundenkontakt genau diese Individualität und Schnelligkeit hinzukriegen, müssen Sie im Vorfeld etwas mehr Zeit investieren. Sie müssen sich Gedanken machen über die konkreten Erwartungen, die Sie erfüllen wollen. Was ist Ihren Kunden besonders wichtig und was können Sie sogar weglassen, weil es Ihre Kunden eben keine Spur zufriedener macht? Wenn dann alle Module für Ihren Baukasten stehen, werden Sie sehen, dass Sie plötzlich mit einem viel höheren Tempo fahren. Und einen entscheidenden Vorteil gibt's frei Haus: Nicht nur Sie als Vorgesetzter können über ein Angebot oder über bestimmte Lieferbedingungen entscheiden, nein, so kann es auch jeder Ihrer Mitarbeiter. Was meinen Sie, wie schnell und souverän Ihr Team damit agieren kann? Und ob Sie wohl Ihre Kunden damit verblüffen?

Die Möglichkeiten, uns im Alltag aufjauchzen zu lassen, sind schier unendlich. Stellen Sie sich einmal vor...

… *die berühmte Steuererklärung auf dem Bierdeckel wäre nicht mehr nur eine Idee oder ein geflügeltes Wahlversprechen, sondern Wirklichkeit.*

… *Ihr Telefonanbieter würde Ihnen das ständige Vergleichen mit anderen Anbietern und Tarifen abnehmen – Sie stattdessen einfach anrufen, um Ihnen zu sagen, dass man hier und da etwas verbessern konnte und dass es jetzt einen günstigeren Tarif gibt.*

… *Ihre Waschmaschine tut es nicht mehr und der Monteur kommt nach einer Ferndiagnose direkt mit den passenden Ersatzteilen vorbei – und eben nicht nur zum »Gucken«. Alles ist schnell erledigt!*

… *Sie suchen neue Pflanzen für Ihre Terrasse. Halbschatten vorhanden, viel Zeit zum Pflegen nicht. Und Sie betreten das Gartencenter, alles ist vorsortiert und auf einen Blick sehen Sie, welche Pflanzen für Sie in Frage kommen.*

… *Sie brauchen einen neuen Business-Anzug. Ihre Maße sind gespeichert und Sie suchen nur noch die passende Farbe aus? Alles fix und fertig innerhalb einer Woche?*

Wäre das alles nicht ganz wunderbar? Das würde nicht nur unser Leben um so vieles angenehmer machen. Es zeigt auch, welche riesigen Möglichkeiten, sich Ihnen und Ihrem Unternehmen bieten. Und mit der konsequenten Frage danach, was noch alles geht, machen Sie nicht nur Ihre bestehenden Kunden zu begeisterten Stammkunden, sondern es kaufen morgen bei Ihnen schon Kunden ein, an die Sie gestern vielleicht noch gar nicht gedacht haben.

Es geht nicht nur um Schnelligkeit, sondern darum, die Erwartungen Ihrer Kunden auf hohem Niveau zu managen.

Eins werden wir nicht müde zu betonen: Es geht beim Echtzeitprinzip nicht nur um Schnelligkeit. Auch da, wo Produktionszeiten eher nicht verkürzt werden können, können Sie punkten. Das Zauberwort: Erwartungsmanagement. Dabei geht es darum, die Erwartungen Ihrer Kunden vorwegzunehmen, zu erfüllen – und gern auch überzuerfüllen. Und das kriegen Sie auch hin, wenn das Produkt eben nicht ratzfatz vom Band kommt. Ein Anruf zur richtigen Zeit oder das Angebot innerhalb eines Tages auf dem Tisch – es sind diese eher kleinen Dinge, die das Kundenherz höher schlagen lassen und mit denen Sie den Wettbewerb in die Flucht schlagen werden.

Kehren wir dafür noch mal zum Hausbau zurück. Jeder Bauherr weiß sehr genau, dass ein Haus eben nicht über Nacht fertig wird. Fundament, Wände, Dach – und der Innenausbau: Alles kostet seine Zeit! Und trotzdem haben Sie als Bauunternehmen riesige Möglichkeiten, Ihre Kunden zu verblüffen – und Ihren Erfolg am Markt zu potenzieren.

Wenn Sie den Bauherren schon früh an die Hand nehmen, mit ihm die verschiedenen Bauschritte durchgehen, die wichtigsten Entscheidungen bereits treffen und Sie sich daraufhin besonders gut mit den einzelnen Gewerken abstimmen, dann gibt's den Spatenstich zwar etwas später – aber dann mit High Speed! Denn die wichtigsten Weichen sind gestellt. Und wenn Sie Ihrem Kunden dann noch offen in die Augen schauen und sagen: »So ein Bau ist immer ein unsicheres Terrain. Rechnen Sie also damit, dass es zwischendurch mal Schwierigkeiten gibt. Aber, ich verspreche Ihnen hier und heute, wir sind immer bei Ihnen und werden das Problem lösen.« Was meinen Sie, wie schnell sich diese frohe Kunde vom Bauen ohne Frust verbreiten wird?

Sehen Sie, was wir meinen? Sie können den eigentlichen Produktionsprozess vielleicht nicht schneller machen. Aber mit der richtigen Vorarbeit können Sie einzelne Schritte bereits vorwegnehmen – und damit spätere Störungen im Prozess ausschalten. So werden Sie in der eigentlichen Leistungserstellung, in der Zusammenarbeit mit Ihrem Kunden, wesentlich schneller werden. Und wenn Sie ihn dann noch direkt bei seinen Ängsten und bei seinen Erwartungen packen, geben Sie Ihrem Kunden immer das Gefühl, dass es extrem gut läuft – auch wenn sein Haus, sein Luxusauto oder das extravagante Abendkleid eben nicht über Nacht fertig werden.

Wenn Sie Ihren Kunden direkt bei seinen Erwartungen packen, wird er immer das Gefühl haben, es läuft prima – auch wenn sein Luxusauto eben nicht über Nacht fertig wird.

> **Erwartungsmanagement 2.0.**
>
> Sie schaffen es, Ihre Termine immer einzuhalten? Und überlegen, was Sie tun könnten, um Ihre Zusagen auch mal überzuerfüllen? Dann überlegen Sie gut! Deadlines zu unterbieten ist ein tolles Gefühl. Eine Extrameile für den Kunden zu gehen auch. Einen besonderen Service noch obendrauf zupacken auch. All das wird Ihre Kunden begeistern. Aber die Strategie kann auch kippen:

Nämlich dann, wenn Sie bei der nächsten Bestellung oder Lieferung diesen »neuen Standard« nicht mehr halten können und auf das vorherige Level zurückfallen. Dann ist es vorbei mit der Begeisterung.

Deshalb lautet unser Tipp: Produzieren Sie keine One-Day-Wonder! Spielen Sie nicht den Helden – weil es Ihnen aufgrund einer Sondersituation möglich ist (zum Beispiel geringe Auslastung, hohe Personaldecke) – ohne dem Kunden zu kommunizieren, dass dies eine Ausnahme ist. Stellen Sie sich bei jeder Extrameile, die Sie gehen wollen, die Frage:

Können wir dieses Level danach auch noch halten?
Schaffen wir es nochmal, in dieser Zeit, zu diesen Bedingungen und mit dieser Qualität zu liefern?

Machen Sie sich bewusst: Die Lieferung von heute bestimmt die Erwartungshaltung von morgen. Wenn Sie also nur EINMAL die Extrameile gehen können, dann ist es besser, es zu lassen. Wenn Cappuccino mit Zimtrand, dann immer mit Zimtrand. Sonst haben Sie die Enttäuschung vorprogrammiert.

Besonders gefährdet sind an dieser Stelle kleine Unternehmen. Für ausgewählte Wunschkunden legen sie sich krumm! Doch schon beim zweiten Auftrag lässt die Performance spürbar nach.

Unser Frankfurter Kollege hat in der Gründungszeit der Filiale den Teilnehmern des ersten Lehrgangs in seiner Begeisterung frisch gepressten Orangensaft angeboten. Für sechs Teilnehmer war es machbar. Für die 100, die er jetzt hat, nicht. Zum Glück entscheidet der Orangensaft nicht darüber, ob die Kunden bei uns einen Lehrgang buchen oder nicht. Dennoch nennen wir diese Art, sich anfangs krumm zu legen scherzhaft »die Saftpressnummer«.

Denken Sie also dran: Alles, was Sie von Tag 1 an für Ihre Kunden tun, müssen Sie auch später noch tun können, wenn Sie 100 Kunden oder mehr haben!

Zur Tat!

Jetzt geht es nur noch um die Umsetzung. Vergegenwärtigen wir uns noch mal kurz die drei Zutaten, die es braucht:

Eine gute Vorbereitung. Nehmen Sie Ihren Kunden Arbeit ab. Designen und entscheiden Sie bereits im Vorfeld. Rechnen Sie mit den konkreten Bedürfnissen Ihrer Kunden und bieten Sie entsprechende Leistungsmodule an. So brauchen Sie, wenn Ihr Kunde dann in der sprichwörtlichen Tür steht, nur noch die verschiedenen Bausteine zusammenzusetzen.

Erforschen Sie die Erwartungen Ihrer Kunden! Was genau wollen sie? Was ist ihnen wichtig und was führt bei ihnen zu Unzufriedenheit und Frust? Und stellen Sie Ihre gesamte Kundenkommunikation darauf ab – von Anfang an. Denn Kunden wollen schnelle Ergebnisse. Aber noch viel mehr wünschen sie sich, dass sie ernst genommen werden. Und dass sie sich auf Ihre Zusage verlassen können.

Der Kapitalfehler der meisten Unternehmen: Sie machen falsche Versprechungen. Sie nehmen einen reibungslosen Prozess an und setzen viel zu ehrgeizige Termine. Das ist verständlich – erhoffen sie sich davon doch den ersehnten Zuschlag. Aber letztlich landen sie damit in der Falle. Denn das Leben läuft eben in der Regel nicht glatt. Wann haben wir ihn schon – den »Best Case«? Wenn Sie dann Ihre Zusagen nicht einhalten, erzeugen Sie jede Menge Frust. Kunden sind meist bereit, längere Lieferzeiten zu akzeptieren – wenn sie sich dann auch 100-prozentig darauf verlassen können. Und was meinen Sie, welchen Beifall Sie ernten, wenn Sie dann Ihre Lieferzeit sogar einmal unterbieten können.

Heißt das Echtzeit-Prinzip leben »einfach immer noch eine Schippe drauf tun«? Ist das Bessere immer des Guten Feind?

Gute Frage! Wir wollen Sie einmal mitnehmen in die Welt des Pharmagroßhandels. Hier beliefern die Großhändler die Apotheken im Zwei-Stunden-Rhythmus. Obwohl es dem Kunden oftmals reicht, dass er das Medikament am nächsten Tag erhält. Denn lebensbedrohlich ist unser Zustand ja in der Regel nicht, wenn wir die Apotheke aufsuchen. Nein, die Großhändler tun es letztlich aus purer Verzweiflung! Der Verdrängungswettbewerb ist gigantisch. Und am Ende reiben sich die Händler auf, machen zwar Millionen-Umsätze, aber keinen Profit mehr.

Diese Erfahrung, dass Unternehmen in einer permanenten »Ich muss besser werden«-Stimmung leben, haben wir immer wieder gemacht. Dabei hat die Chefetage irgendwie das diffuse Gefühl, nicht gut genug zu sein. Und dann drehen sie zum 100. Mal an der Qualitätsschraube oder verkürzen die Lieferzeiten auf ein Minimum. Und warum? Weil der Bauch grummelt. Oder weil die Wettbewerber es auch machen. Aber der Maßstab ist letztlich nicht Ihr Bauch oder der Wettbewerb, sondern Maßstab ist immer der Erwartungshorizont Ihres Kunden. Die Frage ist also, ob Ihr Kunde das auch honoriert? Möglicherweise ist Ihr Engagement ja vergebene Liebesmüh?

Worauf wir hinaus wollen: Sie als Unternehmer können die Spirale auch überdrehen, wenn Ihre Leistung letztlich keinen zusätzlichen Kundennutzen stiftet. Es ist ein verdammt schmaler Grat zwischen der extremen Kundenorientierung – die zweifellos wichtig ist, um das Echtzeit-Prinzip zu leben – und der unbedingten Verpflichtung, wirtschaftlich zu bleiben. Um auf diesem Grat an Sicherheit zu gewinnen, helfen Ihnen Kennzahlen. Kennzahlen, die Ihnen zeigen, wie gut Sie sind und wo Sie noch nachlegen können. Zahlen, die Ihnen zeigen, wie viel am Ende des Tages wirklich übrig bleibt. *Behalten Sie also jederzeit Ihre Ergebnisse im Auge!*

So, jetzt mal »Butter bei die Fische«: Wie läuft das konkret mit der Umstellung? Wie stellen Sie es am besten an, damit Ihr Projekt nicht enthusiastisch startet und dann im Sande verläuft? Sie haben letztlich keinen zweiten Versuch. Denn Ihre Mitarbeiter haben für so etwas ein Elefantengedächtnis. Wenn Projekte bei Ihnen eher halbherzig auf die Bühne kommen, dann durchschauen Ihre Mitarbeiter jede neue Initiative sofort als Strohfeuer und warten schlichtweg ab, bis es wieder vorüber ist. So, wie Ihr Neunjähriger auf »Durchzug« schaltet, wenn Sie mal »Hüh« und mal »Hott« sagen – wenn Chips mal okay und mal absolut tabu sind.

Die Herausforderung ist also, die Umstellung mit extremer Konsequenz und Glaubwürdigkeit anzugehen. Und verschaffen Sie sich schon mal eine große Portion Durchhaltevermögen. Denn eins ist klar: Das Ganze funktioniert nicht von heute auf morgen. Aber es funktioniert. Und mit ein paar Regeln können Sie Fallstricke vermeiden und ordentlich Fahrt aufnehmen.

Den Elefanten lieber scheibchenweise

Sie stehen am Buffet, und da lacht Sie ein reichlich buntes Mus an. Hm, was mag das Dunkelblaue in der Mitte sein? Ihr Buffet-Nachbar macht Ihnen Mut: »Das müssen Sie unbedingt probieren, ist der Hit.« »Okay«, sagen Sie zu sich selbst, »wenn das so super ist, probier ich's auch mal.« Ihr vernünftiger Plan: Zunächst einen kleinen Löffel. Und wenn's gut ist, können Sie sich ja noch mal nachholen.

Was am Buffet eine gute Strategie ist, ist auch ein guter Plan, wenn Sie Ihrem Unternehmen eine neue Denke verordnen. Starten Sie am besten mit einem kleinen Projekt. Wenn Sie Ihre Organisation überfordern, gefährden Sie leicht den Erfolg des Projektes. Da wären Sie nicht der Erste, denn in der Geschichte der Projektarbeit liest man immer wieder von groß angelegten Projekten, von denen dann aber nur ein kleiner Teil wirklich erfolgreich war. Der Rest ist schlicht gefloppt.

Welchen Bereich Sie sich rauspicken, bleibt Ihnen überlassen. Es empfiehlt sich aber, dort zu starten, wo die Vorzeichen schon mal gut sind. Beispielsweise weil dort Ihr bester Mann das Zepter schwingt. Und richtig Freude bringt es, wenn Sie ganz nah am Kunden beginnen – quasi im Sechzehner. Denn hier werden die Vorlagen verwandelt und die Tore geschossen. Hier kann es aber eben auch brandgefährlich werden. In diesem Bereich haben Sie also einen riesigen Wirkungsgrad. Und das wird Ihnen den nötigen Schwung für den Start geben. Nach und nach dehnen Sie Ihre Umstellung dann auf die hinteren Bereiche in Ihrem Unternehmen aus.

So, Sie haben sich für einen überschaubaren Bereich entschieden – beispielsweise für Ihre Telefonzentrale, also einen Bereich mit direktem Kundenkontakt. Sie haben Leute an Bord, denen Sie vertrauen können. Und Sie haben das Gefühl, dass Sie hier »irgendwie nicht richtig gut sind«. Reicht das? Ärmel hoch und los geht's? Noch nicht. Denn etwas ganz Entscheidendes fehlt noch. Sie brauchen Zahlen: Messen Sie den Status quo. Wo stehen Sie? Und warum reicht das nicht? Wo wollen Sie konkret hin? Und dann hören Sie mit dem Messen nicht mehr auf. Zeigen Sie Ihren Mitarbeitern so oft wie möglich, wo sie stehen, was sie schon erreicht haben.

> Messen Sie sofort. Und hören Sie nie wieder damit auf.

Ja, richtig, Zahlen sind nicht jedermanns Sache. Es kann Ihnen passieren, dass Sie – gerade in Ihrem ersten Projekt – auf Widerstände Ihrer Mitarbeiter stoßen. Oft ist gerade für die, die richtig mit anpacken, das Messen eher lästig. Sie lehnen das möglicherweise als bürokratischen Unsinn ab. Bleiben Sie aber am Ball! Denn ohne Zahlen können Sie Ihren Erfolg niemals darstellen. Und wenn Sie nicht beweisen können, dass Sie auf der 100-Meter-Distanz den Weltrekord unterboten haben, glaubt Ihnen das schlichtweg niemand.

Deswegen waren wir auch so hinterher, kürzlich bei einem Unternehmen aus der Reinigungsbranche. Ein Mitarbeiter im Bereich »Exporte« hatte sich eine Verbesserung vorgenommen: die Bearbeitung der Ursprungszeugnisse. Diese Ursprungszeugnisse wurden manuell erstellt, dann per Post zur IHK geschickt – und nach der Bearbeitung per Post wieder zurück. Alles in allem dauerte die Sache etwa drei Tage – positiv gerechnet. Der Plan: Die Bearbeitung auf eine IHK-Software umstellen. Notwendig dafür: Kauf der Software und Programmierung der Schnittstelle zur Unternehmenssoftware. Und so geschah es. Die Umstellung lief glatt und der Prozess war um Welten flotter. Alles gut. War's das? Nein, wenn Sie sich damit zufrieden geben, riskieren Sie im Nachhinein die komplette Legitimation Ihres Projektes: War das wirklich alles so toll, was der Mitarbeiter da erreicht hat? Oder hat er nur Kosten verbraten und die IT-Abteilung des Unternehmens beschäftigt? Ein »Ich finde, das geht jetzt echt schneller« hat da herzlich wenig Überzeugungskraft. Was meinen Sie, welche Überzeugungsarbeit wir zu leisten hatten, damit der Mitarbeiter nun wirklich mal die Stoppuhr zückt: Wie lange dauert die eigene Bearbeitung des Ursprungszeugnisses? Wie lange insgesamt? Und zwar vorher *und* nachher. Und dann waren die Zahlen auf dem Tisch: Der Mitarbeiter selbst brauchte nicht mehr 35 Minuten, sondern nur noch fünf. Das Produkt konnte jetzt noch am gleichen Tag zum Kunden geschickt werden – und nicht mehr erst am dritten oder noch später. Ein Sahnehäubchen für den Controller: Der Kauf der Software und auch die Programmierung werden sich noch im selben Jahr rechnen. Und nicht nur das: Innerhalb von acht Jahren wird diese Maßnahme dem Unternehmen Kosten im sechsstelligen Bereich ersparen. Und da ist die verbesserte Kundenzufriedenheit durch die schnelle Lieferung noch gar nicht mitgerechnet. Was meinen Sie, wer hier einen halben Meter gewachsen ist?

Erst wenn Sie messen, wissen Sie also wirklich, ob Ihr Projekt erfolgreich ist. Und dann erst können Sie den Projekterfolg auch anderen gegenüber darstellen. Dann erst können sich Ihre Mitarbeiter wirklich damit auseinandersetzen, was gehen könnte. Dann erst können sich Blockaden im Kopf lösen. Dann erst können Ihre Mitarbeiter begreifen, dass es oft Kleinigkeiten sind, die sich später zu einem großen Erfolg summieren.

Und genau den wünschen wir Ihnen. Den großen Erfolg. Lassen Sie Ihre Kunden staunen. Und freuen wir uns gemeinsam auf ein Leben in Echtzeit – auf Steuererklärungen im Bierdeckel-Format, auf frustfreies Bauen und auf abrufbare Maßanzüge.

Ach, haben wir Ihnen schon von unserer Druckerei erzählt? Wenn wir die Freitagabend um 20 Uhr um ein Angebot bitten, haben wir es 21.30 Uhr. Und dafür muss sich der Geschäftsführer nicht mal besonders stressen. Ein gutes Baukastensystem und sein Smartphone machen es möglich. Digital Native? Nichts da. Der gute Mann ist Mitte 40. Ein Geschäftspartner ganz nach unserem Geschmack. Was für eine Wohltat.

- In Echtzeit arbeiten, ist in allen Branchen, Unternehmen, Organisationen möglich – und verschafft gerade dort, wo die schnelle Reaktion unüblich ist, einen immensen Wettbewerbsvorteil.

- Die Frage zum Aufwachen: Sind Sie gut, weil Sie gut sind? Oder weil die anderen so schlecht sind?

- Die Lösung, um Schnelligkeit und Individualität zu vereinen: das schlaue Baukastensystem.

- Der Echtzeit-Trick für langsame Branchen mit hochindividuellen Leistungen: das clevere Erwartungsmanagement.

Nachwort: Die Ersten

Ja, irgendetwas macht TMZ richtig. Und inzwischen wissen Sie auch, was. Der Grund, warum das amerikanische Klatschblatt mitten in der Medienkrise Schlagzeilen schrieb statt rote Zahlen, ist: Sie leben das Echtzeit-Prinzip. Sogar auf extreme Weise.

»Wenn du eine Geschichte hast, und bezahlt werden willst, gehst du damit zu TMZ«, hat sich in der Welt des amerikanischen Journalismus schon rumgesprochen. Durch ein riesiges Netz an Informanten hat sich das 2005 gegründete Portal darauf spezialisiert, neue Gossip-Meldungen als ERSTER, also vor allen anderen Klatschzeitschriften, zu bringen. Und hat es damit zum inzwischen wohl weltweit meistbeachteten Online-Klatschportal geschafft.

Der erste große Erfolg war ein Exklusivbericht über Mel Gibson, als der Schauspieler unter Alkoholeinfluss antisemitische Tiraden von sich gab. Doch das war nur die Steilvorlage für weitere Meldungen mit Erfolgsgarantie. Die beeindruckende Serie an Echtzeit-Nachrichten gipfelte in einem Beitrag, bei dem das Blatt sogar schneller war als die Wirklichkeit: Die Exklusivmeldung über den Tod von Michael Jackson brachte TMZ bereits Minuten vor dem offiziell festgesetzten Todeszeitpunkt online. Eine Schlagzeile, die also selbst Schlagzeilen gemacht hat. Die Erklärung seitens der Macher: Als Jackson am 25. Juni 2009 für tot erklärt wurde, bestand schon Kontakt zwischen einem Informanten und der Klinik in LA.

Harvey Levin, der Chef des Onlineblattes, löst mit seiner Arbeitsweise die Grenzen des klassischen Journalismus komplett auf. Und natürlich ist seine Taktik alles anderes als unkritisch. Mit den sogenannten »Tipp-Gebühren« für Informationen, die zu guten Geschichten führen, geraten sogar Behörden und die Polizei ins Visier von Ermittlungen um vertrauliche Dokumente. Als käuflich erweisen sich Angehörige aller Berufsgruppen, die mit Prominenten zu tun haben: Bodyguards, Kindermädchen, Putzfrauen, Kosmetikerinnen oder auch Krankenschwestern und Ärzte.

Der Erfolg von Levin ist teuer erkauft: Laut *Spiegel* wurde er bereits zum »Sultan des Abschaums« ernannt und als »jene Brut von Boulevardkreatur« beschrieben, »die fast sexuelle Befriedigung darin findet, das Leben anderer Leute zu ruinieren«.

Natürlich wollen wir Sie nicht animieren, das Gesetz zu brechen und sich Feinde zu machen. Wie weit ein Unternehmen geht, entscheidet es selbst. Wir sind keine Moralapostel! Wir predigen nicht. Wir möchten Ihnen nur eins mit auf den Weg geben: In Echtzeit zu arbeiten und das gesamte Unternehmen auf dieses Prinzip auszurichten, kann einen riesigen Unterschied machen. Auf diesem Weg wünschen wir Ihnen echten Erfolg!

Stichwortverzeichnis

B Balanced Scorecard 35
basisdemokratisch 70, 76, 78
Beta-Version 97, 99f., 105, 107ff., 112, 114, 116, 118
Boston Consulting Group Matrix 36
Bürokratie 16, 20, 26, 31, 58

E Echtzeit-Prinzip 81, 94f., 99, 109, 117, 121, 125f., 130, 135, 137f.
Effektivität 91, 96
Effizienz 58, 81f., 91, 96
Erwartungsmanagement 182
Erwartungsmanagement 2.0. 175

F Fehlplanung 42
Futur-II-Prinzip 93

G Genius 13f.
Geschäftsstrategie 37

H Harmonie 72f., 78
Haßloch 103f.
Hierarchie 65, 71, 75f., 95, 132, 152ff., 162

I Idee 13ff., 18, 20ff.

K Kennzahlen 34f.
Konsens 70, 72, 78
konzentriertes Arbeiten 126
Konzentriertes Arbeiten 127
Kunde 49, 52
Kundennutzen 52

M Markenidentität 60
Marktvorteil 113, 118
Meeting 67f., 70, 78
Meetingkultur 68

N Nischenstrategie 34

P Perfektion 20, 51, 55, 58, 100
Perfektionismus 16, 41
Planung 31ff., 39ff., 134ff., 139, 142

Q Qualität 18f., 21, 27, 42, 45, 47ff., 58, 60f.
Qualitätsmanagement 56ff., 60
Qualitätsstandards 56
Qualitätsverständnis 60

R Rotationsprinzip 128, 146

S Service 53
Sofort-Reaktion 126, 146
Strategie 31ff., 37f., 42f., 45
Strategiewechsel 38
Stress 121, 123, 125, 133, 136, 145f.
Stressfallen 121, 123

T Taktik 38, 42
Teamarbeit 71, 74f., 77f.
Teamgeist 76
Terminvereinbarung 134
Testmarkt 102ff., 112
Testmarktsimulation 102

U Unternehmensstrategie 34, 37, 42, 45

V Verantwortungsdiffusion 69, 78
Verbindlichkeit 85, 96, 132ff.

W Wolkenkratzer 172

Z Zuverlässigkeit 85, 96, 123